國家出版基金資助項目
國家社科基金項目（11XZS001）成果
國家「十四五」重大學術和文化工程「《漢語大字典》修訂」（22@zh019）階段性成果
昆明學院中國語言文學學科建設成果

出土文獻綜合研究專刊之十六

秦漢簡牘系列字形譜

一

主　編　張顯成
副主編　王　丹　李　燁
編撰人員　張顯成　王　丹　李　燁
高　魏　劉國慶　雷長巍　滕勝霖
高　明　楊艷輝　陳榮傑　趙久湘

中華書局

圖書在版編目(CIP)數據

秦漢簡牘系列字形譜/張顯成主編. —北京:中華書局,
2024.6.—ISBN 978-7-101-16730-6

Ⅰ.H121

中國國家版本館 CIP 數據核字第 2024FH8306 號

責任編輯:徐真真
裝幀設計:周　玉
責任印製:管　斌

秦漢簡牘系列字形譜
(全十册)
張顯成 主編
*
中 華 書 局 出 版 發 行
(北京市豐臺區太平橋西里 38 號　100073)
http://www.zhbc.com.cn
E-mail:zhbc@zhbc.com.cn
北京建宏印刷有限公司印刷
*
787×1092 毫米 1/16 · 266½印張 · 30 插頁 · 1100 千字
2024 年 6 月第 1 版　2024 年 6 月第 1 次印刷
印數:1-300 册　定價:1680.00 元

ISBN 978-7-101-16730-6

總目録

第一册

第二册

第三册

第四册

第五册

第六册

第七册

第八册

第九册

第十册

凡例

一　本字形譜含分譜凡十五種，其中秦簡字形譜四種，漢簡字形譜十一種，涵蓋了二〇一六年六月以前已刊秦漢簡牘之所有大宗材料。〔一〕各分譜及其入編字頭數如下：

分譜之一：《睡虎地秦簡字形譜》，入編單字一七〇〇個、合文十二個。

分譜之二：《放馬灘秦簡字形譜》，入編單字二八一個。

分譜之三：《周家臺秦簡字形譜》，入編單字四三五個、合文三個。

分譜之四：《龍崗秦簡字形譜》，入編單字三六四個。

分譜之五：《張家山漢簡字形譜》，入編單字一四一五個、合文二個。

分譜之六：《鳳凰山漢簡字形譜》，入編單字五五二個、合文二個。

分譜之七：《孔家坡漢簡字形譜》，入編單字六六一個、合文三個。

分譜之八：《尹灣漢簡字形譜》，入編單字八二七個。

分譜之九：《武威漢簡字形譜》，入編單字九九一個。

〔一〕學界多稱字形彙編成果爲「文字編」，如陳松長《馬王堆簡帛文字編》；或稱「字形表」，如徐中舒《古文字字形表》；或稱「字表」，如《侯馬盟書》所附《字表》。我們稱自己的字形彙編成果爲「字形譜」，認爲如是稱謂爲好，因爲成果不光重在反映文字形體（字形），且成果所收字形成體系，全面反映所編纂材料字形全貌，構成字形譜系。

分譜之十：《居延漢簡字形譜》，入編單字一〇七五個、合文二個。

分譜之十一：《居延新簡字形譜》，入編單字一二〇一個、合文一個。

分譜之十二：《敦煌漢簡字形譜》，入編單字一一五〇個、合文一個。

分譜之十三：《額濟納漢簡字形譜》，入編單字六七六個、合文二個。

分譜之十四：《武威漢代醫簡字形譜》，入編單字五七〇個、合文一個。

分譜之十五：《東牌樓漢簡字形譜》，入編單字六三二個。

二　本字形譜編纂材料源自簡牘整理報告，具體詳見各分譜「説明」。

三　本字形譜收字以形體完整、特徵鮮明、筆畫清晰爲原則，嚴格按照原整理報告圖版，或其摹本並參照圖版，或繼後新刊佈的更清晰的圖版來取樣，經電腦處理，儘量保持文字原形原貌。爲便於排版，字形大小按原比例進行適當調整。同一字頭下凡字形相同者，只取一個爲代表，凡構形有差異者，則儘量録入。

四　各分譜分「説明」「字形譜」和「檢字表」三部分。「説明」是對凡例以外内容的補充説明，一般包括對該分譜材料的來源、材料的内容、辭例的標注等的説明。字形譜含「單字」和「合文」兩部分（若該分譜無合文，則闕如）。「單字」是字形譜的主體；「合文」包括非嚴格意義上的「合文」，如《周家臺秦簡》211的「營＝」，讀爲「營室」[一]。「檢字表」供檢索該分譜所有字頭和字頭下的俗寫異體用。本字形譜編纂有「總檢字表」兩種，分別是《筆畫序總檢字表》和《〈説文〉序總檢字表》，前者是以筆畫筆順爲序編排的檢字表，後者是以《説文》收字順序爲序編排的檢字表。

［一］因爲「營室」在當時的日書中是一個常用語，使用頻率高，書者寫作「營＝」以表示「營室」，所以這裏的「＝」實際上並不是嚴格意義上的合文號。同類情況還有《睡虎地秦簡》的「女＝」（須女）、「巂＝」（此巂）、「旅＝」（旅衣）等。

五　各分譜單字部分各字頭見於《説文》者，其排序悉依大徐本《説文》，始一終亥，分別部居；未見於《説文》者，按偏旁部首附於相應各部後。需要説明的是，各字頭見於《説文》者的排列順序以影響比較大的大徐本爲準，並不是説大徐本的順序就是完全正確的，目的只是依一個標準來排列字頭順序而已，如「上」「下」二字，大徐本分別以「上」「下」爲重文（篆文），而段玉裁《説文解字注》認爲「丄」「丅」才分別是重文（篆文），段説是正確的，但本字形譜仍然以大徐本爲準，將「上」「下」作爲重文。另，個別簡文，大徐本《説文》無，但前代學者研究認爲《説文》當有該字，所論確切者，本字形譜則酌情吸納，包括以下三字：一是「由」字，大徐本《説文》無，清段玉裁《説文解字注》根據《説文》全書收字情況和早期經傳用字情況，將此字補爲「繇」之重文，爲是，故本字形譜采段注此説。二是「劉」字，大徐本《説文》無，宋徐鉉疑「鐂」（鐂）即「劉」字，〔一〕他認爲「劉」字「从金，从丣，刀字屈曲傳寫誤作田爾」，遂成「鐂」，清段玉裁《説文解字注》根據《説文》全書收字情況和早期經傳用字情況，直接將篆文改爲「⿰金⿱丣刀」，即「劉」〔二〕，前賢所説爲是。但考慮到本字形譜字頭的排列是依大徐本《説文》，爲便於讀者查找，遂將「劉」字處理爲「鐂」的異體。三是「第」字，大徐本《説文》無，清段玉裁《説文解字注》根據《説文》全書收字情況和早期經傳用字情況，認爲「有此篆無疑」，爲是，故本字形譜采段説，將「第」置於「竹部」。

六　字頭爲楷體。字頭上四位阿拉伯數字爲其序號。凡屬《説文》之重文或新附字，在序號右側分別以

〔一〕大徐本《説文》「鐂」字的説解僅「殺也」二字。
〔二〕此篆若嚴式隸定，則爲「⿰金⿱丣刀」。

「重」或「新」注出。字頭下分三欄，第一欄出《説文》小篆或重文，若字頭字屬《説文》所無，則此欄空缺，以示區别。第二欄爲字頻欄，出該字在簡文中的頻率（總次數），頻率以原簡文字可確釋者爲計。〔二〕第三欄爲代表字形及其出處和辭例欄，爲便於檢索和比較，俗寫異體字歸於同一字頭之下，另起一列，並於第一個字形的出處前出示其楷定形體；若該字頭下原簡字形只有俗寫異體，則徑出俗寫異體，同樣在出處前出示其楷定形體。

七　第三欄代表字形排列順序的原則是，先排規範者，後排欠規範者，越欠規範者所排位置自然越後。

八　字頭字和部首字一般用通行體，以便於檢索；但個别時候，小篆字形與楷定的通行體相差太遠時，仍用與小篆對應的楷體字形，如用「朙」不用「明」。辭例一律用通行體。

九　字頭之字在辭例中用「~」表示。「~」如爲某字之通假、異體（俗體）、古體等，其後用「（　）」括出相應的本字、正體字、今字，但字頭下已標明的俗寫異體不再用「（　）」表明；如爲某字之訛誤字，用「〈　〉」標明正字。（詳下「十二」）

十　辭例儘量簡短，以説明字頭之字所在位置爲目的，故少部分辭例有可能不成句讀（多因簡殘所致）。

十一　辭例中原簡上的合文號，除在出示合文字形時的辭例中保留外，其餘均改寫爲二字。

十二　辭例中使用了以下符號：

（　），表示前一字是通假字、異體字（俗字）、古字等，括號内寫出相應的本字、正體字、今字。此

〔二〕有少數字頭所標頻率較高，而該字頭下的代表字形却較少，其原因大致有二：或是該字可選的代表字形不多，或是有關該字的圖版不太清晰，無法處理爲合格的入編字。

符號只用於詮釋辭例中的字頭字，即位於「～」後。

〈　〉，表示前一字爲訛誤字，正確字標於「〈　〉」內。此符號只用於詮釋辭例中的字頭字，即位於「～」後。

□，表示無法補出的殘缺或缺釋之字，一「□」表示一字。

⊡，表示殘缺字字數無法確定者。

字外加□，表示簡文原有殘泐，可據殘筆或文例或有關文獻釋出的字，即所補之字用字外加框表示，如半，表示「半」是據殘筆或文例或有關文獻釋出的字。

【　】，表示根據上下文或文例或有關文獻補出的原簡本身的脱字或簡殘斷掉的字，所補之字位於「【　】」內。

（？），表示前一字爲釋讀不確定之字。

☒，表示斷簡處。〔一〕

十三　各分譜辭例所標出處（簡牘號），悉依該分譜所據的整理報告，以便於讀者與整理報告對照。表示出處的簡牘號一律用阿拉伯數字表示，即若原整理報告用的是漢字者，則改爲阿拉伯數字。

〔一〕有必要説明的是，簡帛學界釋文使用的符號多不統一，如☒，有的釋文以之表示簡帛殘斷處，有的釋文以之表示殘缺字字數無法確定者；同一符號表示意義不同。【　】，有的釋文既以之表示補出的原簡帛的脱文，又以之表示補出的原簡帛殘損不全字；同一符號同時表示兩種意義。表示殘缺字字數無法確定者，有的釋文用「……」，有的釋文用「☒」；同一意義用不同符號表示。有鑒於此，本字形譜的釋文統一使用以上符號，即對原整理者釋文符號多有改易，以求釋文符號表意更準確和統一。同時我們也呼籲，簡帛學界應儘量統一釋文符號及其意義。

十四　各分譜末有《筆畫序檢字表》和《〈説文〉序檢字表》，供檢索所在分譜所有字頭和字頭下的俗寫異體之用。全書又附有《筆畫序總檢字表》和《〈説文〉序總檢字表》，供檢索十五種分譜所有字頭和字頭下的俗寫異體之用。《筆畫序檢字表》《筆畫序總檢字表》按筆畫筆順之序排列被檢字，《〈説文〉序檢字表》《〈説文〉序總檢字表》按《説文》字頭之序排列被檢字，後者可供將本字形譜與《説文》對照之用。鑒於有些字頭和字頭下的俗寫異體較爲生僻，故《筆畫序檢字表》《筆畫序總檢字表》專門列出了與之對應的通行體，以便於檢索，我們稱之爲「一字二檢」，即某个生僻字可通過兩種途徑檢索，如：亾=亡，垩=坐，㡿=斥，㚔=幸，肎=肯，毀=毁，鬻=鬻，等等。每一組「=」前者爲被檢字中較爲生僻者，通過檢索各組「=」後與之對應的通行體，便可檢索到前者。如「亾」在分譜之一《睡虎地秦簡字形譜》的字頭序號是「1435」，該分譜的《筆畫序檢字表》及全書末的《筆畫序總檢字表》中，「亾」和「亡」的檢索號都是「1435」，故通過檢索「亡」即可檢索到正文字頭「亾」。

十五　对學界釋讀見仁見智的簡文，只能擇其一而從。如《武威漢簡》中的「武」，其中一種寫法寫作（甲本《士相見之禮》16），即已寫成了「戒」，但它表示的是「武」，顯然是訛寫，故本字形譜置之於字頭「武」下，作爲「武」的俗寫異體排列，即采俗寫異體説。再如《武威漢簡》中的（甲本《有司》62）、（甲本《泰射》72）、（甲本《泰射》60）等形，既可隸爲「介」也可隸爲「个」，審視其表示的語意和語法位置，應當是個體量詞「个」，故本字形譜采整理者之説隸爲「个」，置於字頭「个」下。

目録

第三　㗊部——㸚部……四六

第六　木部——𨛜部……一三九

第十四　金部——亥部……三二九

分譜之一

睡虎地秦簡字形譜

説明

一　本字形譜所收之字源自武漢大學出版社於二〇一四年出版的《秦簡牘合集》有關《睡虎地秦墓竹簡》部分，含竹簡共計一千一百五十五枚（另有殘片八十枚）。

二　字頭共有單字一千七百個，合文十二個。

三　辭例所標出處悉依文物出版社一九九〇年出版的《睡虎地秦墓竹簡》（八開精裝本），以便於讀者與該整理報告對照。表示出處的簡牘號用阿拉伯數字表示，「正」「背」分别表示竹簡的正面與背面，「壹」「貳」「叁」等表示欄數。《睡虎地秦墓竹簡》内容共有簡書十種：《編年記》《語書》《秦律十八種》《效律》《秦律雜抄》《法律答問》《封診式》《爲吏之道》《日書甲種》《日書乙種》，本字形譜辭例對以上簡書多有簡稱，並略去其書名號，稱謂分别如下：「編年記」、「語書」、「十八種」（即《秦律十八種》）、「效律」、「雜抄」（即《秦律雜抄》）、「答問」（即《法律答問》）、「封診式」、「爲吏」（即《爲吏之道》）、「日甲」（即《日書甲種》）、「日乙」（即《日書乙種》）。字形及其辭例出處如：「編年記21壹」，表示該字形及其辭例在《編年記》簡21壹欄。「日甲47正叁」「日甲2背壹」，分别表示該字形及其辭例在《日書甲種》簡47正面叁欄和《日書甲種》簡2背面壹欄。

單字

第一 一部——茻部

一部

0001 一

一

347

十八種 47
~食禾

答問 4
~日

效律 51
令丞貲~盾

編年記 51 壹
五十~年

十八種 51
月~石半石

編年記 31 壹
卌~年

編年記 11 壹
十~年

日甲 131 背
十~月

0002 元

元

4

編年記 5 貳
莊王~年

編年記 8 貳
今~年

0003 天

天

11

日甲 145 背
~李正月居子

日乙 88 叁
~閻

日甲 79 正貳
庚申是~昌

0004
吏

126

效律 20
新～居之

編年記 53 壹
～誰從軍

十八種 163
去者與居～坐之

丄部

0005 重
上

151

效律 3
十六兩以～

語書 9
廉絜敦慤而好佐～

爲吏 7 貳
中信敬～

答問 63
將～不仁

答問 113
爵當～造以上

答問 113
爵當上造以～

效律 49
～節發委輸

日乙 107 貳
～☐

封診式 95
捕校～來詣之

0006
旁

11

封診式 22
今日見亭～

答問 101
偕～人不援

十八種 120—121
有田其～者

日乙 147
丁不可祠道～

0007 重
下

66

效律 22
不盈百石以～

十八種 61
高五尺以～

答問 2
二百廿以～到一錢

示部

0008 禄

禄 4

爲吏6伍
~立有續孰敃上

日甲75背
名虋達~得獲錯

0009 福

福 4

十八種66
~（幅）廣二尺五寸

日乙146
多投~

0010 神

神 12

日甲48背壹
~狗

日甲27背貳
大~

日甲3正貳
羣~

日甲132背—133背
土~

日甲156背
馬禖合~

0011 祭

祭 16

日甲10正貳
利以~祀

日乙15
利以見人~

日乙20壹
利以~

0012 祀

祀 9

日乙155
☐祭~

日乙40貳
祠五~日

日甲6正貳
祭~

0013 祖

祖 1

日甲49背貳
是~☐游

0014 祠

85

日乙 148
～室

日甲 42 正
以～祀

日乙 77
大～

答問 27
～未

答問 28
王室～

0015 祝

3

日乙 194
～曰

日甲 156 背
～曰

0016 禱

1

日甲 101 正壹
家女～祠出貨

0017 禖

3

日甲 156 背
馬～合神

日甲 156 背
馬～祝日

0018 社

1

日乙 164
中鬼見～爲姓

0019 祟

7

日乙 216 壹
明鬼～之

日乙 206 壹
明鬼～之

日甲 72 正貳
王母爲～

0020 禁

8

十八種 7
其它～苑殺者

十八種 5
～苑

十八種 193
～苑憲盜

0021
祙
1

日甲27背叁
大～（魅）恒入人室

三部

0022
三
三
196

效律6
～朱以上

雜抄17
省～歲比殿

日乙91叁
三月角十～日

日乙90貳
～月

答問7
貲繇～旬

編年記3壹
～年

王部

0023
王
王
29

日乙184
～父爲姓

日乙174
～父譴

答問161
～室所當祠固有

編年記1壹
昭～元年

0024
閏
閏
2

爲吏22伍
廿五年～再十二月

0025
皇

2

日乙145
合三土～

日甲101正貳
害於上～

玉部

0026
玉

6

答問140
盜出朱～

答問140
上朱～

答問203
當以～問王

0027
瓊

1

答問202
可謂～＝

0028
環

11

爲吏23叁
槍閵～（戊）殳

答問102
當～（原）

雜抄25
虎～（還）

0029
珥

2

答問80
非必～所入

0030
珠

1

爲吏36叁
朱～丹青

0031
璽

1

日甲26正貳
丁亥～

气部

0032
气

2

答問115
爲人～（乞）鞫者

士部

0033
士

64

日甲5背壹
敝毛之～以取妻

封診式47
～五

雜抄4
游～在

十八種155
隸臣斬首爲公～

封診式91
某里公～甲

封診式91
里人～五丙

0034
壻

3

埍
爲吏23伍
贅～後父

爲吏19伍
贅～後父

爲吏21伍
贅～某叟之乃孫

0035
壯

4

十八種190
除佐必當～以上

爲吏33壹
～能衰

日甲71背
盜者～

丨部

0036 中

114

日乙184
☐邦～

日乙189壹
人水～及谷

編年記33壹
攻蔡～陽

日乙184
～歲在西

日甲98背壹
日～以行有五喜

日甲92背貳
～央土

屮部

0037 毒

5

毒 十八種5
～魚鱉

封診式91
～言

艸部

0038 莊

4

編年記5貳
～王元年

編年記6貳
～王二年

0039 荅

3

十八種43
叔～麻

十八種38
黍～畝大半斗

0040
莠

1

日甲63背壹
取丘下之～

0041
莅

1

爲吏11肆
不有可～（改）

0042
薛

1

爲吏34伍
身亦毋～（辭）

0043
茅

5

十八種195
倉～蓋者

日甲56背叁
苞以白～

0044
藺

3

日乙177
以入～（吝）

日乙175
酉以東～（吝）

0045
蒲

3

十八種131
毋苐者以～

編年記5壹
五年歸～反

0046
蒬

1

雜抄7
分甲以爲二甲～者

0047
苞

1

日甲56背叁
～以白茅

編號	字頭	小篆	數量	字形及辭例
0048	牆		3	 爲吏 15 叁 困屋～（牆）垣  日甲 30 背壹 置～（牆）上
0049	葉		4	 答問 7 或盜采人桑～  日乙 158 外鬼父～（世）爲姓  日甲 63 背壹—64 背壹 完掇其～二七
0050	英		7	 日甲 64 正壹 南禺～（殃）  日甲 66 正壹 北禺～（殃）  日甲 107 正貳 反受其～（殃）
0051	苗		1	 十八種 144 治～時各二旬
0052	苛		2	 爲吏 39 叁 ～難留民  爲吏 6 壹 安静毋～
0053	蔡		5	 日甲 3 正貳 以～（祭）  日甲 79 背 臧於糞～中土中  編年記 33 壹 攻～中陽
0054	苑		14	 十八種 190 ～嗇夫不存  十八種 193 史及禁～憲盜  效律 55 掾～計=
0055	蓋		19	 蓋 日乙 23 壹 ～絶紀之日  日乙 113 不可以～  十八種 10 復以薦～

0056 蓾

2

日甲 66 背貳
刊之以～

0057 若

57

日乙 113
～或死

十八種 140
有一馬～一牛

十八種 140
有一臣～一妾

答問 88
齧人頯～顏

答問 36
吏智而端重～輕之

0058 芻

20

日甲 76 背
於～稾中

十八種 8
～自黃穌

十八種 8
頃入～三石

0059 薪

14

答問 113
令贖鬼～鋈足

答問 193
古主取～者毆

答問 112
是謂當刑鬼～

答問 110
耐以爲鬼～而鋈足

十八種 88
可以爲～及蓋蘙者

0060 𣂚

9

日乙 255
～齒

十八種 125
皆不勝任而～

日乙 112
屋〓不壞～

0061 重 折

6

十八種 125
不勝任而～

答問 75
比～支

雜抄 36
告曰戰圍以～亡

十八種 125
~軲上

0062
芥

1

十八種 126
不~（介）車=

0063
蒽

1

十八種 179
給之韭~

0064
莎

1

日甲 65 背壹—66 背壹
以~芾牡棘枋

0065
葦

2

日甲 38 背叁
轂以~

0066
荔

1

十八種 4
取生~

0067
葆

11

十八種 135
~子以上

十八種 89
取不可~繕者

答問 107
~子以上

0068
蕃

1

十八種 127
~（藩）蓋强折列

0069 草

8

日甲70背
臧牛廄中～木下

答問210
～實可食殹

十八種4
毋敢夜～爲灰

日甲75背
臧於～木下

日甲72背
臧於～中

日甲159背
腹爲百～囊

0070 萅

24

春 日甲252
利～

日甲224叁
～三月

日甲140背
～三月

日甲143背
～戌

日甲102背
～三月

十八種4
～二月

萅 日乙202
～三月

0071 芾

1

日甲65背壹—66背壹
以莎～牡棘枋

0072 荓

3

十八種131
毋～者以蒲

十八種131
其縣山之多～者

0073 葉

1

日甲25背貳
必以～（某）月日死

0074

蒯

1

十八種 131—132

以枲～（繫）之

0075

⿱莊糸

1

封診式 82

絲絮五斤～（裝）

0076

䕯

1

十八種 8

自黃⿱⿰黍丸灬及～束以上

0077

⿱艹⿱羽羽

1

十八種 88

蓋～〈蘙（翳）〉者

0078

孽

1

爲吏 27 壹

尊賢養～（乂）

0079

蘚

1

雜抄 25

虎未越泛～

茻部

0080

莫

19

十八種 137

而～見其室者

語書 3

而吏民～用

爲吏 5 伍

來者有稽～敢忘

日甲79背
夙得～（暮）不得

日甲77背
夙得～（暮）不得

0081
莽

1

封診式22
帛裹～緣領褎

0082
葬

18

答問77
即～貍之

日乙54
可以～

日乙61
～貍祠

答問68
今甲病死已～

第二　小部——冊部

小部

0083
小

54

日乙 22 壹
利以～然

日乙 54
☐毋～大

十八種 49
～城旦

0084
少

52

爲吏 27 叁
息子多～

日乙 243
～疾

日乙 161
午～

日乙 238
～孤

八部

0085
八

97

日乙 151
八月旬～日

效律 5—6
～兩以上

答問 137
今甲捕得其～人

0086
分

27

十八種 78
毋過三～取一

效律 14
百～一以

日甲 10 背壹
戌興亥是胃～離日

0087

尚

4

雜抄 35—36
~有棲未到戰所

效律 24
~可

0088

介

6

答問 207
可謂~（匄）人

答問 207
是謂~（匄）人

答問 206
及~（匄）人

0089

公

85

日乙 249
有~〈火〉起

效律 40
~器不久刻者

答問 159
今舍~官

0090

必

169

日乙 250
~有鬼

爲吏 32 肆
興之~疾

日甲 141 背
~有死者

十八種 150
~復請之

十八種 102
~書其久

答問 80
非~

0091

余

1

日乙 26 壹
~（除）卯

采部

0092 重

審

31

爲吏 4 壹
~悉毋私

效律 50
計用律不~而贏

雜抄 6
置任不~

十八種124 其不～

答問43 爲告不～

0093 悉

1

爲吏4壹 審～毋私

半部

0094 半

38

日乙102壹 貧富～

十八種38 叔畝～斗

效律5 ～升以上

答問64 頃～（畔）封

答問88 深～寸

牛部

0095 牛

74

日乙70 出入～

日乙104壹 不可殺～

效律44 馬～誤職耳府

十八種126 ～皆

答問43 不盜～

日乙104壹 入～

0096 牡

11

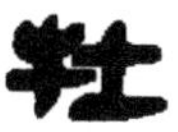
日甲 11 背
爲～日

封診式 10
～犬一

日甲 12 背
～日取妻

0097 牝

7

封診式 21
騅～右剽

日甲 12 背
爲～月〓

雜抄 31
牛大～十

0098 牲

1

十八種 151
同～（生）爲隸妾

0099 牷

1

日甲 91 背壹
生子不～（全）

0100 牽

6

日甲 55 正壹
～牛少吉

日甲 155 正
～牛

日甲 4 背貳
直～

0101 牢

7

日甲 16 正貳
可以筑閑～

日甲 103 正壹
爲羊～馬廄

日甲 65 背貳
爲灰室而～之

0102 犓

3

十八種 168
比～之爲户

犓 效律 27
比～之爲户

十八種 21
比～之爲户

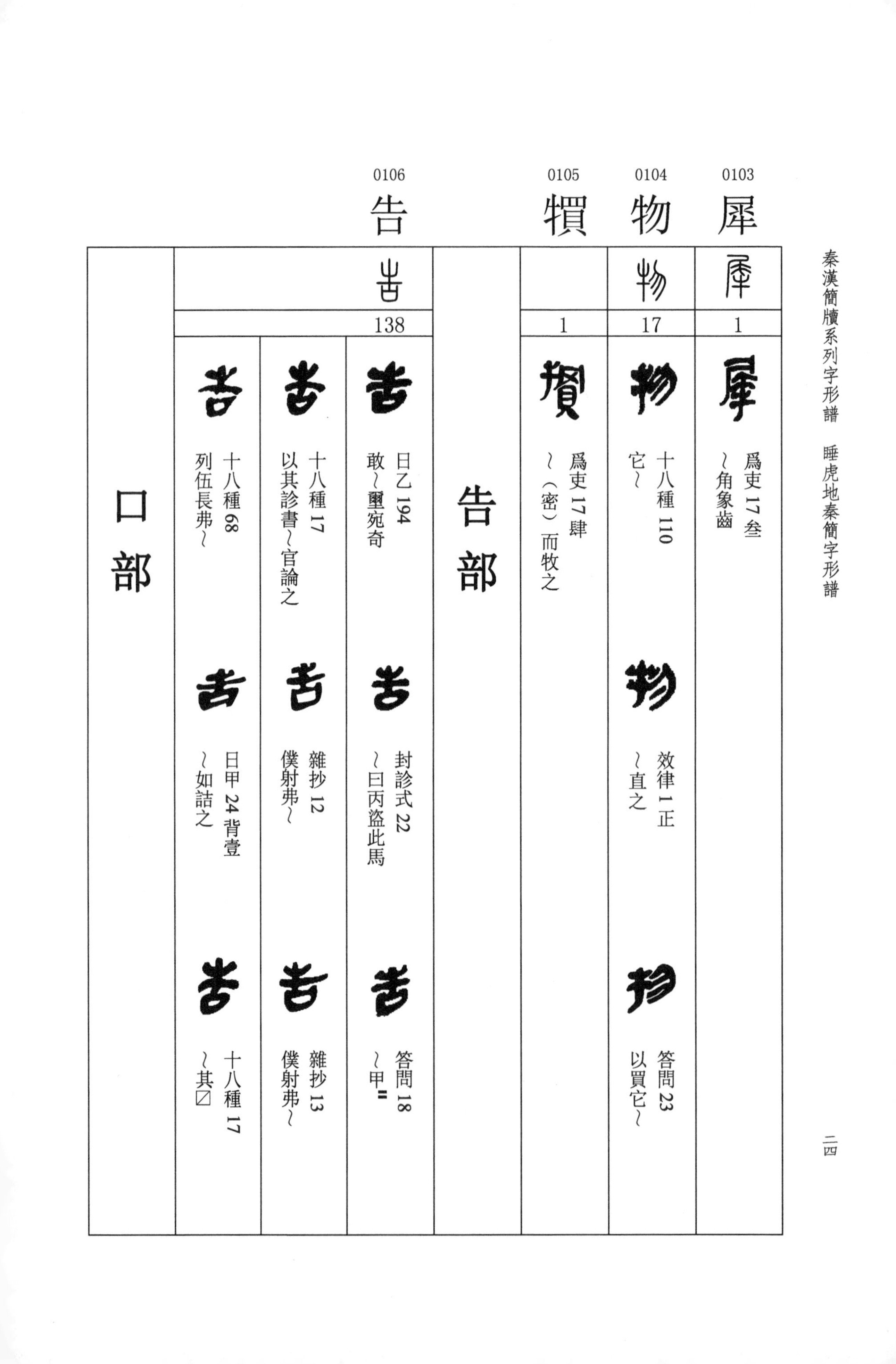

0103 屖

1

- 爲吏 17 叁　～角象齒

0104 物

17

- 十八種 110　它～
- 效律 1 正　～直之
- 答問 23　以買它～

0105 ⿰牛買

1

- 爲吏 17 肆　～（密）而牧之

告部

0106 告

138

- 日乙 194　敢～璽宛奇
- 封診式 22　～曰丙盜此馬
- 答問 18　～甲＝
- 十八種 17　以其診書～官論之
- 雜抄 12　僕射弗～
- 雜抄 13　僕射弗～
- 十八種 68　列伍長弗～
- 日甲 24 背壹　～如詰之
- 十八種 17　～其☐

口部

0107 口

14

語書 10—11 易～舌

爲吏 38 壹 審耳目～

封診式 71 ～鼻不渭然

爲吏 29 伍 ～關

爲吏 32 伍 ～者關

日乙 253 食五～

封診式 70 視～鼻渭然不殹

0108 吻

1

封診式 66 舌出齊脣～

0109 味

1

日甲 33 背叁 有美～

0110 名

31

十八種 25 積者之～事

日乙 137 有不吉之～

封診式 13 可定～事里

封診式 44 定～事里

爲吏 44 肆 死毋～

爲吏 25 壹 ～不章

0111 吾

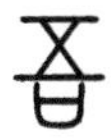

2

日甲 33 背叁 ～非鬼

0112
君

26

日乙 248
女子爲邦～妻

雜抄 34
署～子

雜抄 40
縣司空署～子將者

爲吏 46 貳
～鬼臣忠

十八種 116
司空將紅及～子

日乙 250
～子兵死

爲吏 44 壹
～子不病

答問 113
臣邦真戎～長

雜抄 40
縣司空署～子將者

0113
命

23

日乙 125
～曰毋後

日乙 135
～之央蚤至

答問 95
～都官曰長

雜抄 4
爲聽～書

十八種 183
行～書及書署急者

爲吏 28 伍
魏奔～律

0114
召

7

日甲 139 背
是胃～（招）䍃

封診式 93
未嘗～丙飲

日甲 139 背
是胃～（招）䍃

日甲 25 背貳
鬼恒～（詔）人

0115
問

54

封診式 72
～其同居

日乙 188 壹
以～病者

答問 203
當以玉～王之謂毆

問	0116 唯（10）		0117 和（4）	0118 台（2）	0119 咸（8）		0120 啻（11）
答問 10 ～乙論可毆	日乙 146 ～福是司	十八種 171 ～倉所自封印是度縣	爲吏 13 壹 ～平毋怨	日甲 26 正貳 己未～（始）	答問 58 ～陽	十八種 28 ～陽	日甲 129 正 赤～（帝）臨日
日乙 239 有～（聞）邦	十八種 5 ～不幸死而伐綰享者		答問 94 史不與嗇夫～		封診式 47 ～陽		日乙 134 凡是日赤～（帝）
十八種 133 以其令日～之	日乙 137 ～（雖）有不吉之名		答問 148 及～受賕者		效律 38 ～陽		日甲 153 正叁 雖求額～（帝）必得

0121

吉

236

日乙136—137
直赤～（帝）臨　見日

日甲6背壹
冬三月奎婁～

日乙243
丁酉生～

日乙245
辛亥生不～

日甲147正肆
辛亥生子不～

日甲6正貳
大～

日甲136背
百事不～

日甲119背
辛巳丑酉～

0122

周

5

封診式65
再～結索

0123

吝

2

日甲130正
從左～

0124

各

67

效律47
貲～一盾

效律7
貲～一盾

答問86
～可論

答問12
即～盜

封診式9
～有户

十八種19
公服牛～一課

（續）
語書1 民～有鄉俗
雜抄8—9 令尉貲～二甲
爲吏35伍 人～食其所耆

封診式57 亥～四寸

0125 哀 4
爲吏31壹 樂能～
日甲63背壹 思～
日甲29背叁 是～乳之鬼

0126 咼 2
日甲27背貳 其所不可～（過）

0127 局 1
爲吏1伍—2伍 晝～陳㢠以爲耤

吅部

0128 嚴 2
爲吏4肆 有～不治
爲吏8壹 ～剛毋暴

0129 單 2
日乙62 利～（戰）伐

哭部

0130 哭

3

日甲 29 背貳
以歌若～

日甲 155 背
毋～

日乙 191 貳
辰不可以～

0131 喪

5

日乙 57
敫有細～

日甲 136 背
有女～

日乙 191 貳
且有二～

走部

0132 走

1

日甲 13 背
～歸豹䛒之所

0133 趣

2

答問 199
相～（聚）

0134 越

2

雜抄 25
虎未～泛蘚

0135 起

31

日乙 94 壹
必有火～

日乙 113
必有火～

日乙 220 壹
正北有火～

爲吏1肆
敬而～之

十八種184
必書其～及

日甲140背
冬三月毋～北

0136
趆

趆

1

雜抄8
輕車～張引强

0137
遽

1

日甲70背
多徐善～以未

止部

0138
止

止

43

答問1
斬左～（趾）

答問126
斬左～（趾）爲城旦

爲吏23壹
～欲去顛

日甲56背叁
則～矣

十八種11
皆～

語書3
鄉俗淫失之民不～

十八種74
旬五日而～之

十八種46
有秩吏不～

0139
歫

歫

1

封診式80
類足～（距）之=迹

0140 歬　19

- 前　日乙238　有疵於～
- 十八種24　其～入者
- 答問15　其～謀
- 答問12　其～謀
- 日乙51貳　歲～

0141 歸　20

- 爲吏33貳　材不可～
- 日乙119　興在外風軍～
- 十八種46　及告～盡月不來者

0142 ⿰止童　2

- 日甲61背壹　毋氣之徒而～（動）

步部

0143 步　11

- 爲吏6肆　安騶而～
- 封診式59　一十～
- 日乙106叁　禹～三
- 答問101　百～中比壄
- 日甲30背壹　五～一人一犬

0144 歲　114

- 十八種13　卒～
- 雜抄3　駕騶除四～
- 日乙56　～半

日乙61
～中

效律20
新吏居之未盈～

答問6
一～

此部

0145
此

43

日乙139
以～行吉

爲吏38貳
以～爲人君則鬼

封診式20
得～錢容

十八種74
以～鼠僕車牛

日乙111
以～日爲蓋

語書6
如～

正部

0146
正

130

爲吏5貳
～行脩身

日乙215壹
～北有熹

效律7
黃金衡羸不～

日甲137背
～月

效律7
升不～

0147
乏

3

十八種115
～弗行

答問164
皆爲～繇

答問164
可謂逋事及～繇

是部

0148

是

121

答問64
～不重

十八種5
～不用時

語書4
騰爲～而脩灋律令

日乙146
唯福～司

日甲138背
～胃地杓

答問64
且非～

辵部

0149

迹

16

封診式67
索～

封診式1
從～其言

封診式66
索～

0150

辻

26

爲吏28叁
～隸攻丈

答問180
其邦～及僞吏不來

答問180
～吏與偕使

雜抄12
～食敦長僕射弗告

十八種124
而以其實爲繇～計

十八種116
令其～復垣之

答問180
是謂邦～僞使

雜抄18
～綹組五十給

0151 隨

1

語書 10
緰～（惰）疾事

0152 適

3

十八種 151
非～（讁）辠殹

答問 51
詈～（敵）

0153 過

42

效律 9—10
～二千二百錢以上

雜抄 27
～二寸貲一甲

答問 209
～六百六十錢

答問 181
邦亡來通錢～萬

十八種 78
毋～三分取一

日甲 59 背壹
言〓～三

0154 造

8

答問 113
爵當上～以上

雜抄 1
上～以上不從令

爲吏 15 伍
困～之士久不陽

十八種 182
上～以下到官佐

答問 50
上～甲盜一羊

0155 遝

4

答問 143
～免

十八種 105
～其未靡

0156 逆

6

雜抄 38
令〓送〓～〓爲〓它〓

日甲 44 正
六甲相～

日甲 51 背貳
鬼恒～人

0157 遇 2

日乙 17 而～（寓）人=

0158 逢 2

日甲 52 背壹 壄獸若六畜～人而言

0159 通 6

答問 181 邦亡來～錢過萬

封診式 69 有～迹

答問 183 甲誣乙～一錢

0160 ⿺辶止 28

日乙 231 貳 申入官不計而～

十八種 162 實官佐史柀免～

答問 64 而盜～之

日甲 126 背 庚子寅辰西～

日乙 228 貳 七～

效律 19 實官佐史柀免～

日甲 126 背 壬子寅辰北～

日乙 88 壹 庚子寅辰北～死

0161 送 3

雜抄 38 令=～=逆=爲=它=

日乙 90 正壹 可以～鬼

0162 遺 9

十八種 159 乃令視事及～之

答問 4 甲謀～乙盜

封診式 14 ～識者當騰

0163 逮 1
- 十八種 70　不能～其輸所之計

0164 避 5
- 語書 6　養匿邪～（僻）之民

0165 達 5
- 日乙 7　平～
- 日乙 19 壹　平～之日

0166 連 1
- 日甲 26 背壹　～行奇立

0167 逋 4
- 封診式 14　～事各幾可日
- 封診式 97　三月中～築宮廿日
- 答問 164　爲～事

0168 遺 9
- 效律 28　而～倉嗇夫
- 爲吏 34 貳　謀不可～
- 答問 129　餽～亡鬼薪于外

0169 追 7
- 十八種 6　不～獸
- 答問 66　～捕
- 爲吏 35 貳　言不可～
- 爲吏 48 肆　言不可～

0170 逐

4

日乙 199 正東郄～

日甲 19 背貳 宇多於東北出～

0171 近

3

十八種 2 ～縣令輕足行其書

十八種 70 計其輸所遠～

0172 邋

15

日乙 19 壹 罔～（獵）

日乙 91 壹 可田～（獵）

日乙 246 好田～（獵）

0173 迣

2

日甲 22 背叁 不終～（世）

0174 遠

15

日乙 240 ～去女子於南

日乙 140 ～行者

十八種 119 ～山

十八種 139 ～其計所官者

日乙 43 貳 毋以戌亥～去室

0175 道

28

日乙 145 祠～右

語書 1 ～嗇夫

爲吏 1 壹 凡爲吏之～

答問 196 囚～一署旞

日甲 21 背貳 ～周環宇

十八種 119 或盗陕～出入

0176 遽

4

日甲56背貳 ~則止矣

0177 邊

5

雜抄35 貲日四月居~

封診式47 署蜀~縣

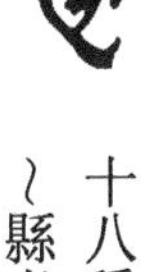

十八種62 ~縣者

0178 遣

1

日乙21壹 空外~之日

0179 遷

1

日乙104壹 以桔者不~（釋）

彳部

0180 復

48

日乙108 必~之

日乙13 ~秀

日乙111 ~（覆）内

0181 往

11

日乙150 凡以此~亡必得

答問4 乙且~盜

答問12 甲~盜丙

0182 彼

5

爲吏11伍 ~邦之[illegible]

效律34—35 僞出之以~（貱）賞

0183 徼

12

- 日乙 26 壹　~未
- 日乙 33 壹　~寅
- 答問 48　未出~闌亡
- 日乙 34 壹　~卯
- 答問 5　出~

0184 循

6

- 答問 187　宮中主~者毆
- 十八種 68　吏~之不謹
- 封診式 26　將乙等徼~到某山

0185 微

1

- 爲吏 5 壹　~密韱察

0186 徐

14

- 日乙 32 壹　~（除）酉
- 日甲 70 背　多~善趮以未
- 日乙 33 壹　~（除）戌

0187 後

65

- 語書 2　~有閒令下者
- 日乙 202　其~
- 答問 126　~自捕所亡
- 日乙 243　~富
- 十八種 25　~入者

0188 得

175

- 爲吏 37 壹　强良不~
- 日乙 150　凡以此往亡必~
- 效律 18　嗇夫及丞皆不~除

答問 63 以須其～

雜抄 12 令尉士吏弗～

0189
律

101

語書 2 灋～

效律 21 它如～

答問 80 ～曰

十八種 3 田～

爲吏 21 伍 魏户～

0190
御

11

日乙 181 禹～於豕肉

雜抄 3 不能駕～

十八種 115 ～中發徵

廴部

0191
廷

25

答問 95 辭者辭～

爲吏 28 壹 原壄如～

十八種 10 縣～

0192
建

30

日甲 16 正貳 ～辰

日乙 29 壹 ～巳

日乙 36 壹 ～子

延部

0193 延

2

答問 160
旞火～燔里門

日甲 50 背叁
箠～（涎）

行部

0194 行

184

日乙 145
～祠

雜抄 4
瀌弗～

雜抄 39
同居毋並～

答問 10
～乙室

十八種 2
近縣令輕足～其書

日甲 128 背
不可以船～

0195 術

2

答問 101
有賊殺傷人衝～

0196 街

1

封診式 21
市南～亭求盜

0197 衡

16

日乙 36 壹
～午

日乙 43 壹
～日

日甲 1 背
日～

日甲134背
是胃地～

日乙27壹
～酉

0198
衛

3

衛 爲吏20壹
勞以～之

答問198
可謂～"敖"

爲吏23伍—24伍
或～民不作

0199
衞

2

十八種196
善宿～

日甲82背
庚名曰甲郢相～魚

0200
衕

1

日甲83背壹
其咎在渡～

齒部

0201
齒

5

爲吏17叁
犀角象～

日乙255
乃折～

答問89
毆者顧折～

0202
齧

2

答問83
～斷人鼻若耳若指

足部

0203
足

21

語書9
以一曹事不～獨治

語書2
灋律未～

答問113
令贖鬼薪鋈～

十八種2
近縣令輕～行其書

爲吏27伍
攻城用其不～

日甲159背
四～善行

封診式46
丙～

告 日甲74背
疵在～

0204
踐

1

封診式68
～□

0205
[足旁]

1

日乙147
戊辰不可祠道〓～〓

0206
[足夆]

7

十八種78
不～以稍賞

十八種194
期～

十八種146
司寇不～

品部

0207

喿

喿

2

日甲33背貳

鐸～（譟）之

日甲31背壹

以～（譟）之

龠部

0208

龠

龠

1

爲吏9叁

門户關～（鑰）

冊部

0209

扁

扁

1

十八種130

攻閒其～（辨）解

第三　㗊部——㸚部

㗊部

0210
器

33

十八種 86
糞公～不可繕者

十八種 77
及隸臣妾有亡公～

效律 40
公～不久刻者

雜抄 18
敢爲它～

效律 39
效公～贏

答問 159
雖有公～

舌部

0211
舌

8

封診式 66
～出齊脣吻

封診式 69
視～出不出

封診式 71
～不出

日乙 102 壹
妻〓多～

爲吏 29 伍
～幾

干部

0212

干

𢆉

8

十八種 172
其餘禾若～石

封診式 39
賈若～錢

效律 31
其餘禾若～石

㕯部

0213

商

𠷎

2

日甲 145 正肆
己酉生子穀有～

日甲 47 背貳
歌以生～

句部

0214

句

㔾

3

日甲 129 正
～（苟）毋直赤啻臨

爲吏 51 壹
不取～（苟）免

0215

笱

𥫗

1

日甲 157 背
主君～（拘）屏詷馬

古部

0216

古

古

4

答問 193
～主取薪者

語書 1
～者民各有鄉俗

答問 192
～主爨竈者

十部

0217 十

268

 日乙21貳 日～夕六	 日乙200 ～二月
 答問38 告人盜百一～	 日乙199 ～一月
 雜抄18 徒絡組五～給	 日乙149 ～二月二旬

0218 丈

10

 日甲45背貳 爲桑～（杖）奇户内	 答問6 復～
 爲吏28叁 徒隸攻～	 封診式79 垣北去小堂北唇～
 日乙259 盜～夫	

0219 千

30

 答問48 没錢五～而失之	 十八種64 ～錢一畚
 效律9 過二～二百錢以上	 語書13—14 志～里使有籍書之
 效律13 二～二百錢	 爲吏14叁 ～（阡）佰津橋

0220 廿

66

 答問26 直～錢
 效律8 二百～錢
 編年記28貳 ～一年

0221

卌

12

日乙100叁 十二月斗〜一日

編年記30貳 〜三年

封診式91 某里公士甲等〜人

十八種91 直〜六錢

十八種95 夏〜四錢

編年記46壹 〜六年

卅部

0222

卅

20

丗 日甲133正 十二月〜日

十八種95 〜三錢

答問42 其〜不審

言部

0223

言

60

日乙122 以與人〜

語書11 輕惡〜而易病人

日乙169 西聞〜

日乙240 好〜五

十八種1 以書〜澍稼

爲吏48叁 〜如盟

爲吏48肆 〜不可追

0224 語

5

- 爲吏 2 伍　不敢徒～恐見惡
- 日甲 165 正叁　晝見得～
- 語書 15　～書

0225 謂

97

- 答問 200　寄及客是～旅人
- 答問 206　是～介人
- 答問 76　可～牧

0226 諒

4

- 封診式 1　毋治～（掠）而得
- 封診式 1　治～（掠）爲下

0227 請

22

- 答問 167　甲弗告～（情）
- 爲吏 13 伍　毋發可異史煩～
- 日乙 39 壹　徐日可以～謁
- 十八種 188　毋羂～

0228 謁

24

- 效律 34　而匿弗～
- 雜抄 24　久=者=～用之
- 日乙 39 壹　可以請～
- 爲吏 1 伍　～（遏）私圖
- 十八種 16　亟～死
- 答問 102　～殺

0229 許

18

- 十八種 136　耆弱相當～之
- 十八種 61　～之
- 日甲 161 正伍　夕見請命～

許

答問 176 勿～

0230 讎

5

日乙 87 壹 可以敫人攻～

十八種 199 歲～辟律于御史

0231 謀

11

日乙 46 壹 可以蓋藏及～

爲吏 34 貳 ～不可遺

答問 5 人臣甲～遣人妾乙

十八種 181 不更以下到～人

0232 論

170

效律 24 以其秏石數～貲之

效律 49 以律～之

十八種 173 而以律～不備者

十八種 57 以犯令律～吏主者

十八種 17 以其診書告官～之

答問 6 問甲可～

0233 議

6

爲吏 11 伍 欲令之具下勿～

十八種 39 稱～種之

答問 83 ～皆當耐

0234 識

6

十八種 86 有久～者

封診式 96 不～日去亡

0235 訊	0236 謹	0237 信	0238 誠	0239 課	0240 試	0241 說
13	5	2	3	13	3	7
封診式 38 ～丙	爲吏 3 壹 慎～堅固	爲吏 7 貳 中～敬上	封診式 51 ～不孝甲所	雜抄 23 左采鐵～殿	效律 46 到官～之	日乙 23 壹 ～孟詐
封診式 52 ～丙	十八種 68 吏循之不～		十八種 184 不可～仁者	十八種 19 今～縣都官公服牛	十八種 100 叚～即正	日乙 17 利以～孟詐
封診式 81 ～乙丙				語書 8 有且～縣官		日甲 160 正貳 晏見～（悅）
						日甲 162 正壹 朝見不～（悅）

0242 計

37

- 效律52 ~者
- 效律55 ~劾然
- 日乙135 ~月中閒日
- 日甲162正陸 不~去
- 效律58 ~脱實
- 效律56 ~校
- 日乙231貳 不~而徙
- 日甲129正 ~月中閒日
- 十八種37 與~偕
- 十八種71 以其年~之

0243 諈

1

- 日甲82背 壬名曰黑疾齊~

0244 詷

1

- 日甲157背 主君笱屏~馬

0245 誧

1

- 答問106 父死而~（甫）告之

0246 諰

1

- 爲吏8肆 疾而毋~

0247 譽	0248 譸	0249重 迓	0250 詣	0251 詐	0252 詒	0253 誣
1	5	1	35	2	2	19
答問51 ～適以恐眾心者	日甲33背叁 狼恒～（呼）人門曰	日甲57背貳 是粲～之鬼處	日乙107壹 數～風雨	日乙17 説孟～（詛）	日甲166正貳 晏見不～（怡）	答問41 ～者可論
			答問139 令～	日乙23壹 説孟～（詛）		答問50 ～人曰盜一豬
			十八種18 其人～其官			答問49 有以～人論
						答問120 以完城旦～人

0254 謗

1

爲吏 8 貳
二曰精廉毋~

0255 詛

1

答問 59
爲~（詐）僞

0256 誤

5

效律 44
馬牛~職耳

效律 60
爲大~=

答問 209
可如爲大~

答問 209
六百六十錢爲大~

0257 訾

1

十八種 126
牛~（胔）

0258 詐

2

爲吏 34 肆
觀民之~

語書 2
民多~巧

0259 訏

1

語書 12
~詢疾言以視治

0260 譴

3

讙 日乙 174
王父~牲爲姓

日乙 168
高王父~姓

0261 誶

14

效律 8 ~官嗇夫

效律 12 其貲~如數者然

答問 152 幾可而當論及~

答問 152 二以下~

十八種 115 失期三日到五日~

0262 詰

7

封診式 3 乃以~者

封診式 2 勿庸輒~

封診式 3 復~之

0263 誰

1

編年記 53 壹 吏~從軍

0264 診

24

封診式 53 令醫丁~之

封診式 39 某~丙

十八種 16 亟~而入之

封診式 68 ~必先謹審視

封診式 89 某=~甲

十八種 17 以其~書告官論之

封診式 74 某往~

0265 重 詷

2

日甲 9 背貳 代=主=及矣~（詬）

0273 謞	0272 詹	0271 誙	0270 詠	0269 訑	0268 訊	0267 詢	0266 諜
						詢	諜
1	2	1	1	1	1	1	1
日乙 145 其～（號）曰大常行	封診式 62 聞～（讘）寇者不毆	語書 12 ～訊醜言麃斫以視險	日甲 81 背 舍徐可不～亡	封診式 2 雖智其～	語書 12 誙～醜言	語書 12 訏～（諼）疾言	封診式 91—92 名事關～（牒）北

誩部

0274 重

善

善

30

日甲69背
~弄

語書3
爲~毆

爲吏10貳
四曰喜爲~行

雜抄15
不完~（繕）

日乙58
歲~而柀不全

日甲70背
多徐~

十八種64
不~

日甲159背
四足~行

音部

0275

音

音

2

封診式54
其~氣敗

日甲34背叁
鼓~

0276

章

章

2

爲吏25壹
名不~

日甲76背
名建~丑吉

辛部

0277 童

童　4

- 雜抄 32　匿敖～
- 答問 165　敖～弗傅
- 日甲 79 背　名馬～龏思辰戌

0278 妾

妾　64

- 日乙 247　人～
- 十八種 48　～未使而衣食公
- 日乙 251　臣～
- 答問 103　奴～
- 答問 20　人奴～
- 日乙 124　臣～

丵部

0279 叢

叢　1

- 日甲 67 背貳　凡邦中之立～

菐部

0280 僕

僕　9

- 十八種 113　勿以爲人～養
- 雜抄 12　～射弗告
- 雜抄 34　～射不告

収部

0281 丞

45

雜抄 21 令～各一甲

雜抄 10 令～二甲

效律 54 其令～坐之

雜抄 18 工師及～貲各二甲

答問 138 告盜書～印以亡

十八種 196 大嗇夫～任之

0282 畀

1

爲吏 1 伍 畫局陳～（棋）

0283 弄

1

日甲 69 背 善～

0284 戒

4

爲吏 33 貳 ～=之=

爲吏 40 壹 安樂必～

0285 兵

31

日乙 250 君子～死

雜抄 15 稟卒～

答問 90 以～刃

十八種 102 其叚百姓甲～

日乙 223 壹 必～死

日乙 177 西見～

爲吏 21 叁
~甲工用

答問 124
以劍及~刃刺殺之

日甲 122 背
矢馬~不入于身=

0286
龔

2

爲吏 11 貳
五曰~（恭）敬多讓

0287
具

14

日乙 132
聚~畜生

答問 26
不盡一~

語書 3
今灋律令已~

共部

0288
共

15

效律 2
官嗇夫冗吏皆~賞

答問 136
夫妻子五人~盜

答問 18
~食肉

十八種 47
皆八馬~

效律 35—36
與主廥者~賞

封診式 93
與丙~栝器

異部

0289
異

9

答問 172
同母~父相與奸

爲吏 46 壹
同能而~

十八種 35
歲~積之

舁部

0290 重 䙴 24

- 答問61 當～＝
- 雜抄11 皆～（遷）
- 十八種153 及灋耐～（遷）者

0291 與 85

- 爲吏5肆 ～民有期
- 日乙122 ～人言
- 答問12 ～甲言
- 效律35 皆～盜同灋
- 語書10 而惡～人辨治
- 十八種29 ～出之

0292 興 29

- 雜抄1 有～
- 日乙119 凡戊子風有～
- 爲吏21肆 將而～之
- 日乙125 不可筑～土攻
- 日乙119 ～在外
- 十八種115 水雨除～

臼部

0293 重 要 3

- 日甲73背 ～（腰）有疵

晨部

0294
農

1

十八種 144
居貲贖責者歸田～

爨部

0295
爨

6

答問 192
古主～竈者殹

答問 192
可謂～人

日甲 111 正壹
～月

革部

0296
革

8

雜抄 6
決～

爲吏 18 叁
皮～

十八種 18
筋～角

0297
鞞

1

日甲 77 背
其爲人也～=然

0298
鞶

1

答問 179
鞅～轅

0299	0300	0301	0302		0303	0304	
靳	鞅	鞞	鞫	鬲部	鬴	鬳	䰜部

1	1	1	10		1	3	
 爲吏32叁 稟～瀆	 答問179 麗衡厄～	 答問179 鞅韅韇～（靷）	 答問35 獄～  答問115 以气～  封診式6 有～敢告某縣主		 日甲45背貳 復～户外	 日甲67正肆 九月楚～（獻）馬	

0305 重
羹

3

十八種 181
采~

0306
鬻

2

鬻 日甲 60 背貳
乃~（煮）

爪部

0307
爲

445

效律 60
~大誤〓

日乙 249
~人隋也

日乙 247
女子~人妾

日乙 44 壹
它毋有~也

爲吏 42 壹
以忠~榦

日甲 79 背
其~人也剛履

語書 4
~閒私方而下之

丮部

0308
埶

6

爲吏 26 肆
~（埶）道毋治

爲吏 6 伍
有續~上

十八種 148
~（熟）治之

門部

0309 鬭 17

日乙62 必～見血

答問74 相與～

封診式84 與同里大女子丙～

又部

0310 又 11

日甲36正 ～（有）疾

日甲38正 是胃～（有）小逆

日甲41正 ～（有）歲

日甲41正 ～（有）小兵

日甲46正 ～（有）雨

0311 右 17

日乙236貳 乙亥是～〈君〉

日乙145 祠道～

封診式21 騅牝～剽

雜抄23 ～采鐵

答問52 聲聞左～者

0312 父 42

日乙174 王～譴

日乙184 王～爲姓

十八種155 免親～母爲隸臣妾

0313	0314	0315	0316	0317	0318
叜	夬	及	秉	反	叔
1	17	284	1	26	7

答問20—21 其主之~母

爲吏40貳 爲人~則兹

日甲4背貳 ~母有咎

日乙158 高王~讙適

爲吏19伍 贅壻後~

答問78 比大~母

0313 叜

爲吏21伍 某~（叟）之乃孫

0314 夬

雜抄27 ~（決）革一寸

日乙200 正東~麗

答問79 ~（決）其耳

0315 及

日乙132 ~夫妻同衣

日乙43壹 可以攻軍入城~行

封診式21 ~馬一匹

0316 秉

日甲36背壹 以棘椎桃~（柄）

0317 反

日甲154背 一月當有三~枳

日乙198 東南~鄉

日乙200 西北~鄉

0318 叔

答問153 有稾~（菽）麥

十八種43 ~（菽）荅麻

日乙47貳 辰卯及戌~（菽）

0319 取 114

日乙65 申戌～（菽）

爲吏51壹 不～句免

日乙53 ～（娶）妻

雜抄11 令市～

十八種42 其人弗～之

答問193 古主～薪者

日甲57背貳—58背貳 ～白茅及黃土

0320 叚 29

十八種101 其～（假）公

雜抄36 ～（假）者

雜抄1 ～（假）佐居守者

答問131 ～（假）以亡

爲吏18伍—19伍 ～（賈）門逆呂

答問159 ～（假）乘車馬

爲吏23伍 ～（賈）門逆關

0321 友 1

日甲65背壹 人妻妾若朋～死

0322 度 23

爲吏5伍 慎～量

爲吏19壹 善～民力

語書2 灋～

效律30
~縣

十八種23
勿~縣

十八種124
以律論~者

史部

0323 史

73

爲吏13伍
發可異~（使）煩請

答問94
問~可論

封診式63
令~ 某爰書

日乙52貳
祠~先龍丙望

效律55
司馬令~坐之

十八種191
內~雜

0324 事

143

答問56
廷行~以僞寫印

雜抄37
戰死~不出

日乙155
作大~

日乙14
不可以作大~

爲吏12叁
~不且須

日乙241
必有~

日甲130背
凡有土~弗果居

日甲136背
百~不吉

攴部

0325
攴

4

答問208　~（肢）或未斷

答問75　比折~（肢）

答問79　若折~（肢）指

聿部

0326 重
肄

1

日乙191貳　穿~（肂）

聿部

0327
筆

1

日甲46背貳　取女~以拓之

0328
書

92

語書10　是以不爭~

雜抄4　爲聽命~

答問53　見~而投者不得

日乙14　利以學~

答問169　棄妻不~

日乙260　日~

十八種17 以其診～告官論之

效律29 有～其出者

語書8 別～江陵布

畫部

0329 畫

5

爲吏1伍—2伍 ～局陳畀以爲耤

語書13 其～（過）最多者

日甲111背 掓其～中央土

0330 晝

26

日乙157 朝兆不得～夕得

日乙177 朝兆不得～夕得

封診式26 自～甲將乙等徼循

日乙161 朝兆得～夕不得

日甲160正叁 ～見有告聽

日乙169 朝兆得～夕不得

隶部

0331 隸

71

封診式86 有令～妾數字者

答問8 當耐爲～臣

答問25 當貲以下耐爲～臣

爲吏28叁 徒～攻丈

雜抄37 以爲～臣

臤部

0332 堅

6

爲吏 3 壹
慎謹～固

答問 127
夫＝甲～鬼＝薪＝

封診式 80
小堂下及垣外地～

臣部

0333 臣

95

爲吏 46 貳
君鬼～忠

爲吏 39 貳
爲人～則忠

十八種 49
小城旦隸～作者

語書 6
爲人～亦不忠

日乙 247
男子爲人～

答問 8
當耐爲隸～

十八種 51
隸～

雜抄 37
以爲隸～

日乙 244
爲人～

0334 臧

51

效律 42
官府～（藏）皮革

雜抄 16
～（藏）皮革橐突

日乙 46 壹
可以蓋～（藏）及謀

十八種 198
毋依～（藏）府

答問 12
當并～（贜）以論

殳部

0335 殳

2

爲吏23叁
槍閵環～

0336 毄

64

十八種143
～（繫）城旦舂

毄 日乙18壹
攻～（擊）

日乙59
～（繫）亟出

日乙62
以～（繫）久

爲吏11伍
以～（擊）畸

答問6
～（繫）一歲

0337 毆

6

答問89
鬭爲人～毆

答問78
今～高大父母

答問75
比～主

0338 殿

18

雜抄10
馬～

雜抄30
馬勞課～

封診式83
繆緣及～（純）

十八種14
～治廿

0339

殹

139

爲吏 44 壹
君子不病~（也）

效律 24
雖敗而尚可飤~（也）

語書 9
事無不能~（也）

效律 17
各有主~（也）

答問 187
宮中主循者~（也）

答問 10
問乙論可~（也）

0340

毄

2

十八種 40
~禾以臧之

殺部

0341

殺

72

日乙 104 壹
不可~牛

答問 66
問~人者

日乙 181
王父欲~生人爲姓

十八種 84
畜生而~亡之

十八種 7
其它禁苑~者

日甲 104 背
不可以~

十八種 6
勿敢~

日甲 144 背
𤄊屋及~

寸部

0342 寸

27

封診式 10
高六尺五～

雜抄 9
五尺八～以上

雜抄 27
過二～

十八種 14
治主者～十

答問 6
高六尺七～

十八種 51
高不盈六尺五～

0343 寺

3

日甲 59 背貳
～（待）其來

日甲 66 背壹
熱以～（待）之

十八種 182
司御～（侍）府

0344 將

42

效律 46
吏～者

日甲 26 背貳
～（漿）中

十八種 135
～司之

雜抄 13
士吏～者弗得

十八種 135
皆勿～司

爲吏 21 肆
～而興之

答問 52
～軍材以錢若金賞

0345 ⿱制寸

2

日甲 13 正貳
～（製）車

皮部

0346
皮
𡰪（小篆）
7

爲吏18叁
~革橐突

雜抄16
臧~革橐突

效律42
官府臧~革

攴部

0347
啟
（小篆）
26

日乙161
朝閉夕~

日乙165
朝~夕閉

日甲75背
旦~夕閉東方

日甲33背叁
~吾非鬼也

答問30
已抉~之乃爲抉

日甲71背
旦閉夕~西方

日甲72背
旦閉夕~北方

0348
徹
（小篆）
8

日乙48壹
申~

日乙50壹
子~

日乙49壹
戌~

0349
敺
（小篆）
2

十八種62
操~（文）紅及服者

0350 效 36

- 效律 20 故吏弗～
- 效律 1 正 爲都官及縣～律
- 十八種 22 嗇夫免～者發
- 效律 1 背 ～

0351 故 57

- 答問 173 以其～相刺傷
- 日乙 257 ～盜
- 效律 25 ～數
- 十八種 31 ～吏
- 爲吏 18 伍 非邦之～也
- 語書 4 ～騰爲是

0352 政 5

- 日乙 237 貳 臨官立～
- 爲吏 7 伍 ～乃立
- 爲吏 47 貳 ～之本殹

0353 數 48

- 效律 8 ～而贏不備
- 效律 12 其見～五分一以上
- 十八種 8 以其受田之～
- 日乙 107 壹 ～詣風雨

0354 變 4

- 爲吏 40 叁 ～民習浴
- 語書 5 私好鄉俗之心不～

編號	字頭	出現次數	字例
0355	更	42	十八種 32 雜者勿～＝；十八種 22 餘之索而～爲發户；答問 196 守囚即～人
0356	斂	1	爲吏 7 叁 賦～毋度
0357	救	2	封診式 84—85 里人公士丁～
0358	赦	10	答問 153 會～未論有亡；爲吏 22 壹 反～其身；答問 37 或以～前盜千錢
0359	敦	7	語書 9 廉絜～慤而好佐上；雜抄 36 ～（屯）表律；答問 164 ～（屯）車食
0360	敗	15	效律 22 及積禾粟而～之；十八種 16 其弗亟而令～者；日甲 1 背 此大～日；日甲 21 背叁 圈居宇正東方～；封診式 1 有恐爲～
0361	寇	31	答問 98 號～；雜抄 38 ～降以爲隸臣；日乙 15 裘～〈冠〉帶

十八種146
司～

日乙130
初～〈冠〉

0362
收

40

十八種77
弗～責

答問14
不智爲～

答問170
不～

0363
攻

78

日乙43壹
可以～軍入城及行

雜抄35
軍新論～城〓

十八種122
吏程～（功）

日乙103壹
不可～

封診式26
强～羣盜人

爲吏27伍
～城用其不足

0364
敞

2

爲吏6伍
禄立有續孰～上

爲吏9伍—10伍
及官之～豈可悔

0365
牧

8

答問76
可謂～

答問158
有馬一匹自～之

十八種84
～將公畜生而殺

爲吏17肆
慣而～之

日甲156背
先～日丙

0366
敀

1

日甲143正伍
有～

0367
敉

1

日甲 157 背
先～兕席

0368
敹

1

十八種 191
令～史毋從事官府

教部

0369
教

4

雜抄 3
賞～者一盾

爲吏 24 肆
民之既～

0370 重
學

4

日乙 14
利以～書

十八種 191
毋敢～"室

卜部

0371
卜

7

十八種 182
及～史司御

日乙 126
毋以子～筮

答問 194
～史當耐者

0372
貞

1

十八種 125
縣都官用～（楨）

0373
占

4

雜抄 32
～瘁不審

封診式 11
某等脱弗～書

編年記 23 貳
自～年

0374 重
兆

12

日乙 179
朝～不得

日乙 157
朝～不得

日乙 161
朝～得

用部

0375
用

44

十八種 10
勿～

答問 32
公金錢私貸～之

答問 25
祠固～心腎

日乙 45 壹
～得必復出

十八種 91—92
～枲十一斤

爲吏 21 叁
兵甲工～

0376
庸

2

封診式 18
書甲見丙陰市～中

封診式 2
勿～輒詰

㸚部

0377
爽

1

日甲 54 背叁
飲以～（霜）路

第四　目部——角部

目部

0378 目

目　11

語書 11
瞋～

日甲 70 背
疵在～

爲吏 39 壹
十耳當一～

日乙 240
有生～

日甲 74 背
蛇～

封診式 88—89
不可智～耳鼻男女

日甲 158 背
耳悤～明

0379 睘

睘　1

睘 日甲 30 背壹—31 背壹
～（環）其宮

0380 相

相　41

爲吏 17 伍
～邦

效律 28
～雜

十八種 21
～雜

答問 172
～與奸

日甲 82 背
庚名曰甲郢～衛魚

0381
瞋
瞋
1

語書 11
因恙～目

0382
⿱⿰彡冖目
1

日甲 60 背貳
須～（眉）

0383
⿱𦥯目
2

日甲 13 背
～（覺）

眉部

0384
省
省
3

雜抄 17
～殿

雜抄 17
～三歲比殿

雜抄 22—23
未取～而亡之

盾部

0385
盾
盾
53

答問 152
貲一～

雜抄 20
貲司空嗇夫一～

效律 3
貲一～

答問 59
貲～以上

十八種 115
貲一～

雜抄 20
各一～

自部

0386

自

56

答問132
未論而～出

爲吏18伍
～今以來

爲吏15肆
敬～賴之

效律57
～二以上

效律18
新嗇夫～效

十八種138
～衣者

十八種8
芻～黄䴢及蘑束

爲吏18伍
～今以來

白部

0387

皆

95

效律2
～共賞不備之貨

答問83
～當耐

日乙155
～可

十八種7
～完入公

雜抄6
～耐爲侯

答問4
～贖黥

日甲88背壹
～（偕）居

語書5
～明智之

日甲106背
～不可殺

0388

者

511

效律 12
其賞（償）許如數～然

語書 1
古～民各有鄉俗

效律 21
去～弗坐

日乙 255
爲閒～不寡夫乃寡婦

效律 20
去～與居吏坐之

答問 21
同居～爲盜主

0389

𥏼

56

十八種 105
不可～（知）者

十八種 175
丞～（知）而弗舉

答問 173
丙弗～（知）

爲吏 18 壹
審～（知）民能

效律 35
丞～（知）而弗舉

答問 11
弗～（知）盜

0390

百

116

十八種 48
～姓有欲叚者

雜抄 19
治人～

答問 15
盜二～錢

效律 22
不盈～石以下

效律 47
不盈～斗以下到十斗

日乙 115
～虫弗居

十八種 6
～姓犬入禁苑中

日甲 136 背
～事不吉

鼻部

0391 鼻

12

答問 83 斷人～若耳若指

日甲 70 背 盜者大～

封診式 70 視口～渭然不殴

日甲 72 背 疵在～

日甲 158 背 令其～能糗鄉

習部

0392 習

1

爲吏 40 叁 變民～浴

羽部

0393 羽

3

爲吏 26 叁 金錢～旄

0394 翏

27

日乙 171 子少～（瘳）

日乙 161 午少～（瘳）

答問 51 譽適以恐眾心者～=

答問51 生～＝

隹部

0395 雅 1

答問12 甲乙～不相智

0396 閵 2

爲吏23叁 槍～（藺）環殳

日甲2正貳 以祭～（吝）

0397 巂 6

巂 日甲56正壹 此～大凶

日甲53正壹 玄戈此～

日甲53正壹 此～致死

0398 雞 11

編年記45壹 ～鳴

十八種63 豬～之息子不用者

十八種63 畜～離倉

0399 離 17

效律52 亭嗇夫坐其～官

效律28—29 ～邑倉佐主稟者

日甲10背壹 戌與亥是胃分～日

0400 雔 1

雍 十八種4 ～（壅）隄水

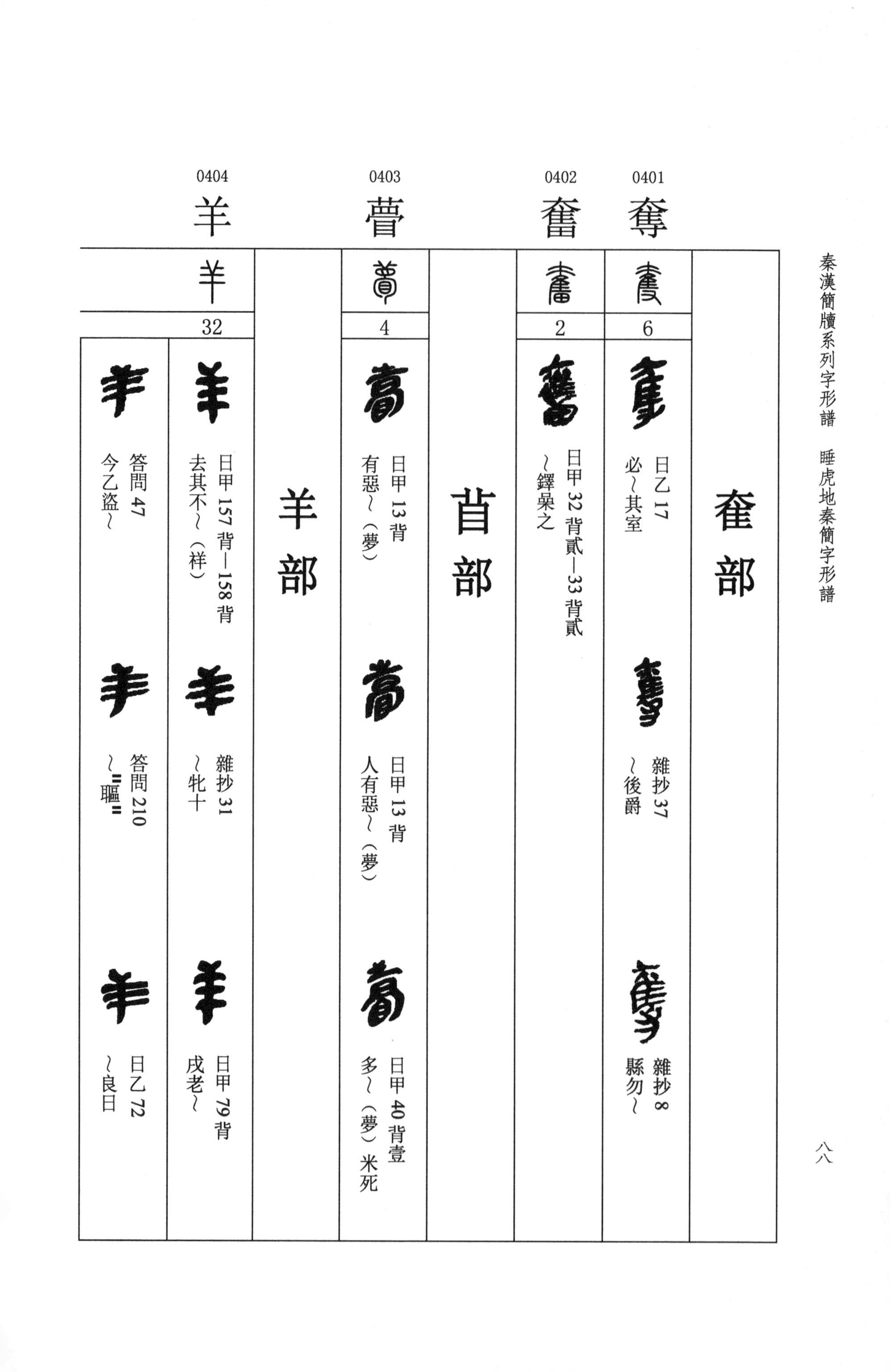

奞部

0401 奪

6

日乙 17 必~其室

雜抄 37 ~後爵

雜抄 8 縣勿~

0402 奮

2

日甲 32 背貳—33 背貳 ~鐸梟之

苜部

0403 瞢

4

日甲 13 背 有惡~（夢）

日甲 13 背 人有惡~（夢）

日甲 40 背壹 多~（夢）米死

羊部

0404 羊

32

日甲 157 背—158 背 去其不~（祥）

雜抄 31 ~牝十

日甲 79 背 戌老~

答問 47 今乙盜~

答問 210 ~"軀"

日乙 72 ~良日

日甲24背壹　爲民不～（祥）

0405 羸

6

效律7　黃金衡～（纍）不正

效律1正　勿～（纍）

十八種194　各有衡石～（纍）

答問146　衡～（纍）

0406 羣

16

答問113　其爲～盜

效律34　～它物當負賞

日甲3正貳　上下～神鄉之

十八種174　～它物當負賞

日甲40正　是胃其～不摔

十八種2　～它物傷稼者

0407 𦍒

2

雜抄29　膚吏乘馬篤～（胔）

爲吏35叁　畜產肥～（胔）

0408 美

15

日乙54　歲～

十八種65　～惡雜之

日乙24壹　生子～

日甲33背叁　有～味

日甲157正叁　有～言

日甲157背　～白粱

0409 肈

1

日甲 32 背壹
是～（誘）鬼

𩁹部

0410 䨻

1

答問 193
可謂～人

鳥部

0411 鳥

4

日甲 49 背叁
～獸虫豸甚眾

日甲 31 背貳
人若～獸及六畜

0412 重 難

9

難　爲吏 39 叁
苛～留民

爲吏 4 伍
民心將移乃～親

封診式 91
甲等～飲食焉

0413 蔦

3

鳶　日甲 24 背貳
爲芻矢以～（弋）之

日甲 30 背貳
～（弋）以芻矢

0414 鷇

1

十八種 4
取生荔麛鷇～

0415

⿹𢦏鳥

1

日甲 51 背貳
以廣灌爲～（鳶）

烏部

0416 重

於

47

語書 1
害～邦

日乙 241
穀～武

日乙 238
不然必有疵～前

十八種 76
有責～公

爲吏 32 貳
身及～死

答問 191
宦及智～王

效律 58
出實多～律程

0417 重

䧿

1

日甲圖二
～門

0418

焉

24

十八種 195
它垣屬～者

答問 168
有子～

日乙 113
若或死～

十八種 48
令就衣食～

十八種 25
乃入～

日甲 69 背
面有黑子～

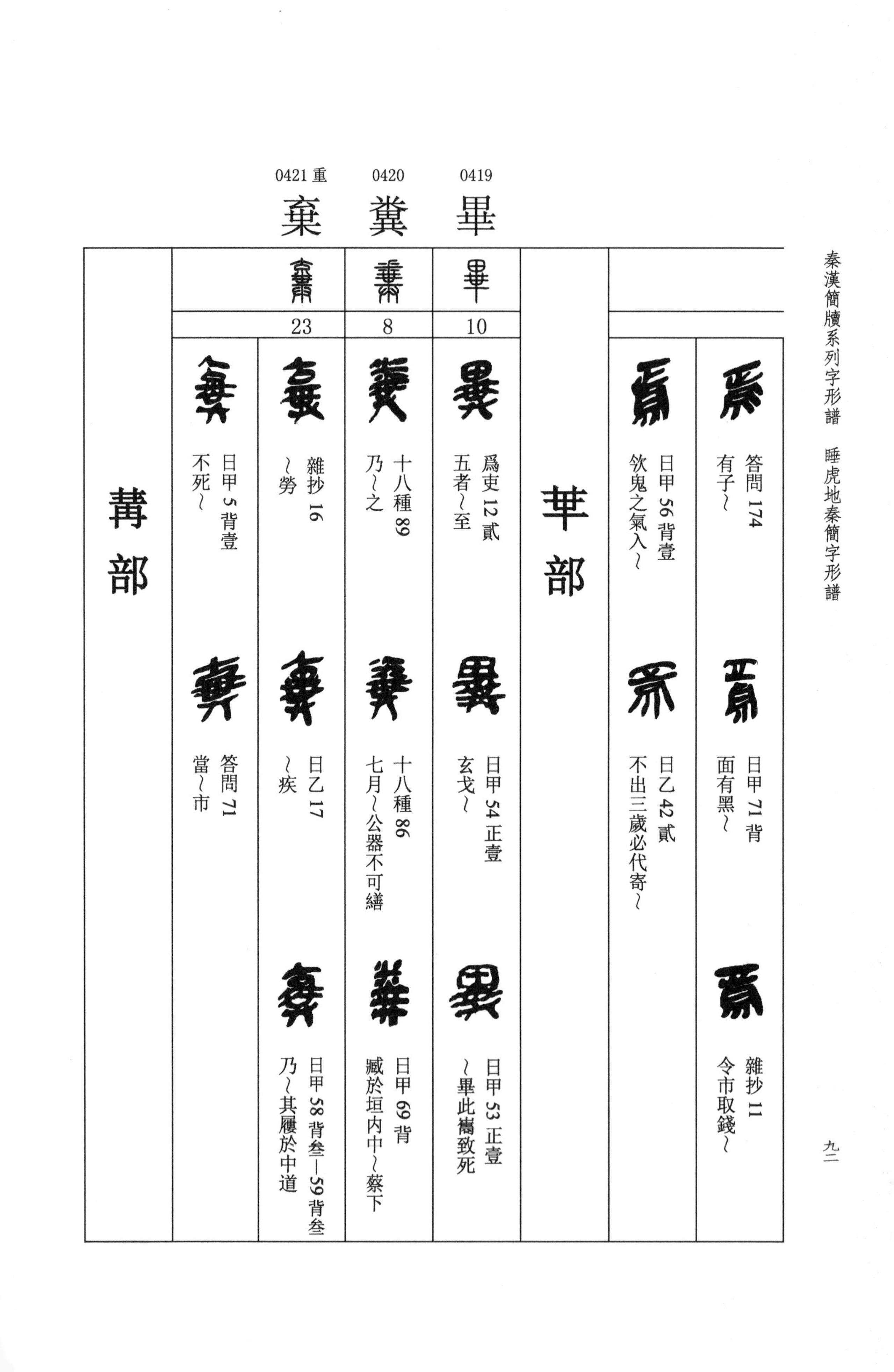

答問174 有子～

日甲71背 面有黑～

雜抄11 令市取錢～

日甲56背壹 欥鬼之氣入～

日乙42貳 不出三歲必代寄～

華部

0419 畢

10

爲吏12貳 五者～至

日甲54正壹 玄戈～

日甲53正壹 ～畢此嶲致死

0420 糞

8

十八種89 乃～之

十八種86 七月～公器不可繕

日甲69背 臧於垣內中～蔡下

0421重 棄

23

雜抄16 ～勞

日乙17 ～疾

日甲58背叁—59背叁 乃～其屨於中道

日甲5背壹 不死～

答問71 當～市

冓部

0422
再

3

封診式65
~周結索

爲吏22伍
廿五年閏~十二月

幺部

0423
幼

2

日甲50背壹
~蠪處之

𢆶部

0424
幾

11

爲吏13肆
事有~時

答問135
購~可

封診式14
逋事各~可日

封診式69
各~可

叀部

0425
惠

1

爲吏2肆
~以聚之

0426
壹
1
- 封診式 53 刺其鼻不～（噎）

玄部

0427
玄
13
- 日甲 57 正壹 ～戈毄危
- 日甲 54 正壹 ～戈毄畢
- 日甲 52 正壹 ～戈毄七星

0428
茲
5
- 爲吏 40 貳 爲人父則～（慈）
- 爲吏 51 貳 ～（慈）愛萬姓

放部

0429
敖
4
- 答問 198 可謂衛＝～
- 雜抄 32 匿～童
- 答問 165 ～童弗傳
- 爲吏 19 貳 一曰見民杲～（傲）

0430
敫
32
- 日乙 36 壹 ～巳
- 日乙 49 壹 未～
- 日乙 101 壹 必有～（憿）

日乙31壹
~子

日甲138正捌
凡~日

日甲143背
四~

傲 日乙32壹
~丑

爰部

0431
爰

27

日甲50背叁
~母

封診式51
~書

封診式84
出子~書

0432
𤔔

1

日甲78背
盜者~（[illegible]）而黃色

0433
受

38

日乙210壹
其東~兇

日乙207壹
東南~央

日乙215壹
其東北~兇

日乙216壹
其東~兇

日乙206壹
其東~兇

答問148
和~質者

十八種8
以其~田之數

爲吏22貳
四曰~令不僂

十八種201
~衣

0434 爭

5

語書 11 喜～"書"

語書 10 是以不～書

封診式 35 甲丙相與～

0435 重 㪔

49

敢 雜抄 18 ～爲它器

爲吏 2 伍 不～徒語恐見惡

爲吏 5 伍 來者有稽莫～忘

封診式 50 ～告

日乙 194 ～告璽宛奇

歺部

0436 殤

1

日甲 50 背貳 是幼～死不葬

0437 㱙

2

效律 22 倉屚～（朽）禾粟

十八種 164 倉屚～（朽）禾粟

0438 殅

1

日甲 81 背 戊名曰匽爲勝～

死部

0439 死

223

日乙 250 君子兵～

爲吏 51 壹 臨難見～

日甲 65 背壹 人妻妾若朋～死

日乙 150 不得必～

答問 77 問～者有妻子當收

封診式 69 當獨抵～（屍）所

日乙 258 其子已～

十八種 17 其非疾～者

冎部

0440 別

12

答問 116 子小不可～

十八種 34 ～黄白青

日甲 88 背壹 其後必有～

十八種 33 ～其數

十八種 35 ～粲穤秙稻

語書 8 ～書江陵布

骨部

0441 骨

4

答問 75 鬬折脊項～

日甲 55 背叁 枯～

日甲 30 背叁 其～有在外者

0442 **體**

5

體 爲吏 7 伍
在～級

日乙 245—246
必有疵於～

0443 **髖**

1

日乙 251
有～（鬼）

肉部

0444 **肉**

28

日乙 185
得於肥～

十八種 7
食其～而入皮

日乙 176
赤～從北方來

日甲 76 正貳
得之於酉脯脩節～

答問 17
與食～

十八種 18
雜買其～

0445 重 **膚**

3

雜抄 29
及不會～（臚）期

0446 **脣**

4

答問 87
夬人～

封診式 79
垣北去小堂北～丈

0447 **腎**

2

答問 25
祠固用心～及它支物

0448	0449 重	0450	0451	0452	0453
胃	肩	臂	臑	肘	腹

39	2	3	2	1	2
 日甲 130 正 是～（謂）少楮  日乙 237 貳 是～（謂）貴勝賤  日甲 134 背 是～（謂）地衝  日甲 10 背壹 是～（謂）分離日  日甲 137 背 是～（謂）召𦈢合日  日甲 136 背 是～（謂）牝日  日甲 139 背 是～（謂）召𦈢合日	 日甲 75 背 疵在～	 日乙 81 壹 東～（壁）不可行	 日甲 70 背 大辟～而僂	 封診式 53 ～郄	 日甲 159 背 ～爲百草囊

0454	0455	0456	0457	0458	0459	0460	0461
股	胻	肖	脫	胅	隋	脯	脩
1	1	1	5	1	4	3	6
封診式 88 ~以下	日甲 75 背 盜者長頸小~	爲吏 2 伍 ~人聶心	效律 58 計~實及出實 封診式 11 某等~弗占書 封診式 70 能~	答問 79 ~體	爲吏 30 貳 四曰善言~（惰）行 日乙 249 丁失火爲人~也	日乙 187 得於酉~	日乙 187 脯~節肉 爲吏 5 貳 正行~（修）身 語書 4 ~（修）灋律令

字號	字頭	字數	辭例
0462	脴	1	日乙160 ～肉從東方來
0463	脂	5	十八種128 自爲買～膠；十八種130 爲車不勞稱議～之；十八種130 用膠一兩～二錘
0464	散	1	十八種117 離～及補繕之
0465	膠	5	翏 十八種130 以數分～以之；十八種128 乃月爲言脂～
0466	肎	1	封診式92 不～來
0467	肥	5	肥 日乙91壹 百事吉以【生】子～；日乙185 得於～肉；日甲157背 ～豚清酒美白粱；爲吏35叁 畜產～犖
0468 新	腔	1	封診式53 鼻～壞

0469 **肮**

1

語書 12 阬閬强～（伉）

0470 **胋**

1

答問 74 以～（枯）死

筋部

0471 **筋**

4

日甲 41 背貳 一室皆夙～

日甲 39 背貳 一室人皆夙～

十八種 18 即入其～革角

刀部

0472 **刀**

2

日甲 25 背叁 以牡棘～刊其宫蘠

日甲 26 背叁 以牡～皮而衣

0473 **削**

3

雜抄 5 ～籍

0474 **利**

95

日乙 252 ～春

日乙 247 不～父母

日乙 14 ～以結言

爲吏 50 貳
除害興～

語書 1
其所～及好惡不同

日甲 155 背
～壞垣奱屋出寄者

日甲 14 背肆
不～

日甲 155 背
～爲囷倉

十八種 38
～田疇

日甲 52 正叁
～以分異

0475

初

12

日乙 130
～寇

十八種 111
新工～工事

日甲 143 背
不可～穿門

答問 145
今～任者有辠

0476

則

79

爲吏 25 貳
～怨數至

爲吏 27 貳
～以權衡求利

日甲 30 背叁
～已矣

日乙 195 壹
不錢～布

日乙 233 壹
日～（昃）

0477

剛

6

日乙 126
命曰毋上～

日甲 79 背
其爲人也～履

爲吏 35 壹
～能柔

0478 刻

5

效律 40　久～者

爲吏 19叁　久～

0479 辨

5

語書 10　而惡與人～（别）治

十八種 81　亦官與～券

十八種 80　而人與參～券

0480 列

3

十八種 68　～伍長弗告

十八種 68　賈市居～者

0481 刊

2

日甲 66背貳　～之以蒕

日甲 25背叁　以牡棘刀～其宫蘠

0482 割

2

爲吏 29壹　斷～不削

0483 剽

16

日乙 37壹　～申

日乙 32壹　～卯

日乙 31壹　～寅

封診式 21　雖牝右～

0484 削

2

爲吏 29壹　斷割不～

0485 罰

4

爲吏7壹
審當賞~

爲吏4叁
均繇賞~

0486 劓

2

答問120
當黥~

0487 券

5

十八種80
而人與參辨~

十八種81
亦官與辨~

答問146
符~

0488 刺

15

答問124
以劍及兵刃~殺之

日甲35背貳
以良劍~其頸

日甲124背
二旬二日~

日甲124背
七日~

日甲36背叁
以牡棘之劍~之

封診式53
~其鼻不疐

刃部

0489 刃

5

答問124
端以劍及兵~刺殺之

封診式58
以~夬二所

封診式67
它度毋兵~木索迹

0490重 劍

13

答問124
以~及兵刃刺殺之

答問84
拔~伐

日乙38壹
帶~

封診式32 直以～伐痍丁

日乙25壹 帶～

耒部

0491

耦

耦

1

日甲9正貳 必～（遇）寇盜

0492

耤

耤

5

爲吏1伍—2伍 以爲～（藉）

答問196 ～（藉）牢有六署

日甲81背 甲盜名曰～

角部

0493

角

角

19

日乙96壹 ～利祠及【行】

爲吏17叁 犀～象齒

十八種17 以其筋革～

日甲55正壹 ～犺大吉

封診式35 其右～痏一所

日乙91叁 三月～十三日

封診式57 齿～出皆血出

0494 衡

10

爲吏27貳
則以權～求利

效律7
黃金～贏不正

日甲17背陸
門出～

十八種194
各有～石贏斗甬

答問146
～贏

0495 解

10

日甲68背貳
乃～衣弗衽

日甲36正
利～事

十八種130
攻閒其扁～

0496 鬻

3

十八種87
盡七月而～（畢）

十八種183
日～（畢）

第五　竹部——桀部

竹部

0497 竹

2

日甲5背貳
中冬～（箕）斗

封診式81
內中有～柖=

0498 節

18

十八種25
後～（即）不備

效律49
上～（即）發委輸

效律19
～（即）官嗇夫免

答問203
客～（即）來使入秦

日乙134
～（即）以有爲也

日乙187
脩～（鼈）肉

0499 籍

22

語書13—14
志千裏使有～書之

十八種175
至計而上廥～內史

效律27
及～之曰

雜抄6
當除弟子～不得

0500 籥

2

答問30
可謂抉=～=

0501
簡

1

爲吏9肆
～而毋鄙

0502
等

18

封診式11
某～脱弗占書

效律60
減辠一～

十八種55
它事而勞與垣～者

0503
符

7

雜抄4
游士在亡～

答問184
詣～傳於吏

日乙106叁
投～地禹步三

0504
笓

2

日乙126
毋以子卜～

0505
箠

1

日甲50背叁
皆～（垂）延

0506
箴

3

答問86
鬭以～（針）鉥錐

答問86
若～（針）鉥

0507
筑

16

日乙125
不可～（築）興土攻

日甲16正貳
可以～（築）宮室

日甲142背
以～（築）室及波地

箕部

0508 箕

4

- 日甲25背壹—26背壹　彼窋卧～坐

0509 重 其

508

- 效律1正　～有贏不備
- 效律1正　以～賈多者辠之
- 效律17　各坐～所主
- 效律17　縣令〓人效～官
- 雜抄31　～四毋子
- 十八種84　抉出～分
- 十八種84　～已分而死
- 日甲15背叁　不利～母
- 爲吏18肆　聽～有矢
- 日甲131背　當～地不可起土攻
- 十八種83　如～
- 日乙56　不成～行
- 日乙240　去～邦
- 日乙255　～室
- 日乙259　～室在西方
- 答問71　～弟子以爲後

丌部

0510 丌

3

亓日乙257
齒之~（其）

日乙217壹
~（其）南晉之

日乙213壹
~（其）女子

0511 典

14

雜抄32
~老贖耐

答問164
吏~已令之

答問98
~老雖不存

0512 畀

10

答問171
且~=夫=

答問5
各~主

答問195
~其主

左部

0513 左

14

雜抄23
~采鐵課殿

答問52
聲聞~右者

答問1
斬~止

日甲130正
從~各

日乙104叁
~行

日乙145
祠道~

日甲15背貳
宇~長

工部

0514 工 工 39

十八種 103
~

十八種 99
~律

效律 46
貲~及吏將者

爲吏 21 叁
兵甲~用

雜抄 17
貲~師一甲

答問 13
~盜以出

十八種 101
~律

日乙 238
不武乃~考

0515 式 式 3

封診式 89
其一~曰

十八種 66
其廣袤不如~者

0516 巧 巧 9

十八種 113
隸臣有~

日乙 98 壹
生子~

爲吏 12 伍
下恒行~而威故移

0517 巨 巨 1

語書 5
毋~（歫）於辠

巫部

0518 巫

18

日乙160 ～亦爲姓

日乙242 女子爲～

日乙94壹 女爲～

甘部

0519 甚

5

爲吏1貳 欲富大～

爲吏2貳 欲貴大～

爲吏之道2貳 欲貴大～賤不可得

曰部

0520 曰

134

日乙145 其譎～大常行

雜抄25 貲工～不可者二甲

效律27 籍之～

雜抄35 辭～日已備

日乙194 祝～

答問44 或～爲告不審

十八種168 籍之～

0521 曹

11

答問199 有大繇而～鬬相趣

語書14 當居～奏

雜抄17 丞及～長一盾

乃部

0522

乃

62

十八種 88
～燔之

效律 39
～直之

答問 33
其獄鞫～直臧=

日乙 238
不武～工考

十八種 25
～入焉

答問 27
必已置～爲具

雜抄 10
～粼從軍者

0523

迺

3

封診式 17
～四月

封診式 81
～二月

丂部

0524

寧

9

爲吏 37 肆
民心乃～

爲吏 39 肆
民心既～

日乙 80 壹
以取妻不～

封診式 92
有～毒言

封診式 91
丙有～毒言

日乙 192 貳
不可～人

可部

0525 可

459

爲吏1貳
貧不～得

日乙236貳
皆～見人

效律24
尚～飤毆

雜抄24
～用而久以爲不可用

答問121
定殺～（何）如

日甲1背
毋～有爲

十八種102
其不～刻久者

日甲137背
不～

日甲117背
不～材衣

0526 奇

9

日甲45背貳
爲桑丈～（倚）户内

答問161
擅興～祠

日乙194
敢告璽宛～

日甲26背壹
連行～（踦）立

0527 哥

3

日甲42正
飲食～（歌）樂

日甲40正
不可飲食～（歌）樂

号部

0528
號

3

答問98
賊傷甲＝～寇

亏部

0529
亏

15

于 十八種134
居～城旦舂

效律53
屬～鄉者

十八種25
事邑里～廥籍

答問129
餽遺亡鬼薪～外

日甲121背—122背
矢馬兵不入～身＝

日甲118背
矢兵不入～身＝

0530
平

22

日甲17正貳
～日

十八種175
以～辠人律論之

效律35
以～辠人律論之

日乙19壹
～達之日

旨部

0531
旨
1
- 日乙243 ~（嗜）酉

0532
嘗
1
- 封診式93 亦未~召丙飲

喜部

0533
喜
31
- 日乙122 有~
- 爲吏10貳 四曰~爲善行
- 日乙192壹 庚辛夢青黑~也
- 日甲100背 莫食以行有三~
- 日甲98背壹 日中以行有五~
- 語書11 ~争書

0534
憙
10
- 日乙202 其後有~（禧）
- 日乙215壹 正北有~（禧）
- 憙 日乙221壹 壬癸死者有~（禧）
- 日乙219壹 戊己死者有~（禧）
- 日乙203 其東有~（禧）

壴部

0535 尌

3

日乙127
~（樹）木

日乙128
~（樹）木

鼓部

0536 鼓

7

日甲34背叁
以人~癰之

日甲32背貳—33背貳
轂~奮鐸喿之

爲吏22肆—23肆
~而乘之

豈部

0537 豈

1

爲吏10伍
官之敃~可悔

豆部

0538 豆

1

答問27
置~俎鬼前

虎部

0539 虎 7

雜抄 25　射～車二乘爲曹

雜抄 26　～失不得

日甲 71 背　寅～

0540 虒 10

日甲 159 正肆　日～見不言得

日甲 157 正肆　日～見令復見之

日甲 158 正肆　日～見

皿部

0541 盎 2

日甲 58 背叁　取～之中道

封診式 88　即置～水中榣之

0542 醯 1

日甲 26 背貳　～醬滫將中

0543 益 9

日乙 15　裚寇帶君子～事

答問 25　今或～＝

雜抄 15—16　敢深～其勞歲數者

十八種 57　爲安事而～其食

十八種 122　以城旦舂～爲公舍

0544

盈

55

十八種 58
不~

效律 4
不~

效律 3
不~

效律 20
未~

效律 58
不~

答問 166
未~

答問 163
未~

答問 10
不~

十八種 51
不~六尺五寸

日甲 3 正貳
~志

日甲 16 正壹
~午

0545

盡

33

答問 26
不~一具

日乙 198
正南~

答問 81
縛而~拔其須麋

答問 136
今中~捕告之

十八種 46
及告歸~月不來者

去部

0546

去

78

效律 32
其有免~者

日乙 251
~不善

爲吏 23 壹
止欲~顚

爲吏5貳 過～福存

十八種163 ～者弗坐

日甲40背貳 ～地五尺

日乙220壹 不～其室有死

答問30—31 弗能啓即～

答問12 己～而偕得

日甲41背貳 屈而～之

血部

0547 血

13

日乙62 必鬭見～

封診式57 岀角出皆～出

日甲104正貳 是謂～明

封診式89 今尚～出而少

0548 卹

1

爲吏26伍 ～視

0549 盇

1

盇 日乙11 ～絶

丶部

0550
主

80

十八種 57 以犯令律論吏～者

效律 51 其吏～者坐以貲

答問 23 皆畀其～

日甲 9 背貳 臣代〓～〓

答問 21 同居者爲盜～

日乙 112 ～人必大傷

語書 3—4 灋～之明灋

日甲 157 背 ～君笱屏詷馬

答問 21 不同居不爲盜～

丹部

0551
音

2

封診式 88 ～（吓）血子殹

0552
丹

2

爲吏 36 叁 朱珠～青

十八種 102 以～若髤書之

青部

0553
青

5

爲吏36叁
朱珠丹～

日乙192壹
庚辛夢～黑

十八種34
別黃白～

日甲69正貳
～色死

日甲73背
～赤色

0554
靜

1

爲吏6壹
安～毋苛

井部

0555
井

23

日甲5背貳
中夏參東～

日甲58正壹
東～輿鬼大吉

日乙16
以風鑿～

日乙89壹
東～百事兇

日甲21背肆
鄉～

日乙94叁
六月東～廿七日

0556 重
穽

1

十八種5
置～罔

0557
㓝

38

答問125
已～者處隱官

日甲22背壹
不窮必～

日甲67正貳
正月楚～夷

皀部

0558
即

51

答問 30—31
弗能啓～去

答問 12
～各盜

十八種 80
嗇夫～以其直錢

日甲 111 背
～五畫地

十八種 18
～入其筋革角

語書 3—4
是～灋主之明灋

0559
既

6

爲吏 40 肆
～毋後憂

爲吏 24 肆
民之～教

爲吏 12 肆—13 肆
勞有成～事有幾時

鬯部

0560
爵

16

答問 63
有～作官府

答問 113
～當上造以上

雜抄 37
奪後～除伍人

十八種 153
皆不得受其～及賜

日乙 97 壹
生子必有～

食部

0561 食

食 111

- 雜抄 13 同車～
- 十八種 78 衣～
- 十八種 201 以律續～衣之
- 十八種 7 ～其肉
- 答問 17 與～肉
- 日甲 22 背肆 肉～
- 爲吏 36 貳 ～不可賞
- 答問 15 共飲～之
- 日乙 233 壹 ～時
- 日乙 239 肉～
- 答問 210 草實可～毆
- 日甲 100 背 莫～以行
- 爲吏 26 伍 享牛～士
- 日甲 152 背 弗～

0562 養

養 13

- 爲吏 27 壹 尊賢～孽
- 答問 195 雖不～主而入量者
- 語書 6 而～匿邪避之民
- 十八種 72 ～各一人

0563 飯

飯 1

- 爲吏 26 伍—27 伍 賜之參～而勿鼠殺

亼部

編號	字頭	篆文	數	字形及辭例
0564	飤		2	 效律22 其不可～（食）者
0565	餔		1	 日甲135正 庚辛戊己壬癸～時行
0566	餘		7	 效律31 其～禾若干石  十八種22 ～之索而更爲發户  封診式92 以卅～歲時詈
0567	餦		1	 十八種60 食～囚日少半斗
0568	飢		1	 爲吏31叁 衣食～寒
0569	餓		1	 日甲62背貳 ～鬼
0570	餽		1	 答問129 ～（饋）遺亡鬼

0571 合

8

- 封診式 72　以～（答）其故
- 日甲 137 背　是胃召䍃～日
- 日乙 145　～三土皇
- 日乙 59　不～（答）
- 日甲 40 正　以辭不～（答）
- 日甲 156 背　馬禖～神
- 日甲 139 背　是胃召䍃～日

0572 今

44

- 答問 43　～乙不盜牛不傷人
- 答問 47　～乙盜羊
- 封診式 89　～尚血出而少
- 日甲 26 背叁　～日不出
- 爲吏 25 伍　～遣從軍
- 爲吏 18 伍　自～以來
- 語書 3　～灋律令已具
- 日甲 157 背　～日良日

0573 舍

17

- 雜抄 28　志馬～乘車馬後
- 答問 159　今～公官
- 十八種 101　公事官～
- 十八種 121　擅壞更公～官府

會部

0574 會

12

爲吏11叁 命書時～

十八種187 上～九月內史

答問153 ～赦未論

倉部

0575 倉

63

效律22 ～屚㱙禾粟

十八種63 ～

日乙84壹 利入禾粟=及爲囷～

十八種32 ～

答問151 空～中有薦=

入部

0576 入

241

日乙53 ～人民畜生

日乙43壹 可以攻軍～城及行

效律2 賞不備之貨而～贏

雜抄14 ～粟公

答問80 所夬非珥所～

日甲127背 毋以庚午～室

日乙42壹　可以～臣妾

十八種6　百姓犬～禁苑中

十八種7　食其肉而～皮

日甲139背　～月十七日

0577 内

58

日乙40貳　戊己～中土

十八種191　～史雜

十八種189　～史雜

十八種28　上～史

答問32　唯縣少～爲府中

日甲17背伍　～居正東

答問65　今～（納）人=

0578 重 全

6

答問69　其身及不～而殺之

日乙58　歲善而柀不～

日甲80背　其面不～

日甲71背　不～於身

日甲75背　其身不～

缶部

0579 䍃

2

日甲137背 是胃召～（搖）合日

0580 缿

1

十八種97 入其錢～中

矢部

0581 矢

22

封診式27 首人弩～

日甲30背貳 鳶以芻～

日甲121背—122背 ～馬兵不入于身＝

日甲118背 ～兵不入于身＝

爲吏22叁 樓椑～閲

0582 射 重

10

雜抄25 ～虎車二乘爲曹

雜抄2 及發弩～不中

日甲73背 多獾不圖～亥戌

0583 矯

1

語書2 以～端民心

0584
矰

1

日甲138背—139背
及~（增）之

0585
矦

8

答問117
當耐爲~（候）辠誣人

雜抄6
耐爲~（候）

雜抄4
耐爲~（候）

0586
短

3

爲吏15伍
聽有方辯~長

十八種98
其小大~長

0587
知

1

日乙45貳—46貳
皆~

0588
矣

73

日乙258
其子已死~

語書3
今灋律令已具~

封診式84
甲懷子六月~

日甲59背叁
亡恙~

日甲68背壹
已乃痛則止~

答問161
王室所當祠固有~

高部

0589
高

29

爲吏22肆
雖有~山

十八種52
~五尺二寸

日乙168
~王父譴姓

日乙178　~王父爲姓

答問6　~六尺七寸

0590
亭
8

封診式60　某~

封診式22　~旁

效律52　~嗇夫

0591
亳
1

日甲149背　田~主以乙巳死

冂部

0592
市
27

封診式18　甲見丙陰~庸中

雜抄11　令~取錢

十八種65　百姓~用錢

答問71　當棄~

日乙156　下~申

日乙103壹　利祠及行賈=~

日甲99背壹　~日以行有七喜

日甲20背壹　利賈~

0593
央
23

日乙207壹　東南受~（殃）

日乙135　命之~（殃）蚤至

日甲92背貳　中~土

日甲17背壹
中～下

日甲111背
掇其畫中～

京部

0594 就 4

效律49
～（僦）及移輸者

十八種48
令～衣食焉

日甲56正叁
丙申以～（僦）

亯部

0595 重 享 5

日甲66背貳
～（烹）而食之

日甲33背叁
殺而～（烹）食之

十八種5
伐綰～（槨）

畗部

0596 畗 1

日乙195壹
賜某大～（富）

0597 良 34

日乙66
木～日

語書9
～吏明灋律令

日乙72
羊～日

日乙70
牛~日

日甲24正叁
困~日

爲吏37壹
强~不得

亯部

0598

𦎧

45

效律28
~人某

雜抄14
百姓買其~

答問153
有~叔麥

效律46
工~髼它縣

十八種11
乘馬服牛~

嗇部

0599

嗇

113

答問56
盜封~夫可論

效律18
新~夫自效殹

效律27
倉~夫某

雜抄3
~夫任之

效律2
官~夫

十八種83
官~夫免

0600

牆

2

日乙114
垣~日凡申

來部

0601

來

59

十八種 185　宜到不～者

爲吏 5 伍　～者有稽莫敢忘

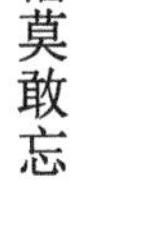

日乙 176　赤肉從北方～

日乙 166　乾肉從東方～

日甲 30 背貳　則不～

十八種 46　及告歸盡月不～者

麥部

0602

麥

9

答問 153　有稾叔～

日乙 65　子～

日乙 46 貳　甲及子～

十八種 38　禾～畮一斗

日甲 151 背　甲及子～

0603

麱

1

十八種 43　爲～三斗

文部

0604 致

30

十八種11

勿深～

雜抄35

～未來

答問93

端令不～（至）

日乙134—135

小大必～（至）

語書7

～（抵）以律

0605 憂

3

爲吏40肆

既毋後～

0606 愛

12

日乙82壹

以取妻女子～之

爲吏51貳

茲～萬姓

日乙100壹

生子人～之

日甲6背壹

以妻妻～夫

0607 夏

38

答問177

可謂～子

答問176

欲去秦屬是謂～

日乙225貳

～三月

日乙110

～三月壬癸

日甲134背

～三月戊申己未

十八種4

不～月

韋部

0608
韋

2

十八種89
～革

日甲40正
～（圍）城

0609
韓

4

編年記24貳
攻～

韓 日甲22背肆
～其後必肉食

弟部

0610
弟

13

雜抄6
使其～子贏律

日甲13正貳
～凶

日乙242
寡～

久部

0611
久

34

十八種105
器敝～恐靡者

雜抄24
～以爲不可用

答問146
亡～書符券

效律 40
公器不～刻者

十八種 102
必書其～

十八種 86
有～識者

日甲 95 背貳
～行毋以庚午入室

日甲 127 背
～行

日乙 228 貳
子丑入官～

日乙 141
～宦者毋以甲寅到室

桀部

0612

桀

2

日甲 93 正壹
以生子爲邑～（傑）

0613

磔

1

答問 67
當～

0614

乘

18

日乙 25 壹
復秀之日利以～車

雜抄 27
傷～輿馬

十八種 18
其～服公馬牛

日乙 68
☐～之

第六　木部——𨛜部

木部

0615
木

30

日乙 190 壹
~金得

日甲 83 背叁
金勝~

十八種 4
毋敢伐材~山林

日乙 128
伐封~

答問 91
~可以伐者爲梃

日乙 66
~良日

0616
李

2

日乙 67
庚辛~

日甲 145 背
天~正月居子

0617
桃

8

日甲 82 背
辛名曰秦~乙忌慧

日甲 36 背壹
以棘椎~秉以啻其心

日甲 36 背壹
以棘椎~秉

0618
柀

22

十八種 138
~入錢

效律 19
史~免徙

日乙 58
~不全

答問 26
~盜之

0619 桔 1

日乙 104 壹
以～（結）者

0620 枸 3

十八種 134
～櫝欙杕

0621 枋 1

日甲 65 背壹—66 背壹
以莎芾牡棘～（柄）

0622 柳 5

十八種 131
取～

0623 枳 11

日甲 49 正叁
～刺

日甲 154 背
反～（支）

日甲 153 背
反～（支）

0624 權 5

爲吏 27 貳
則以～衡求利

封診式 67
～大一圍

封診式 65
頭上去～二尺

0625 楮 2

日甲 130 正
少顮是胃少～（佇）

0626 櫟 2

效律 38
～陽二萬石一積

0627	0628	0629	0630	0631	0632
榮	桐	榆	梗	柏	某
榮	桐	榆	梗	柏	某
1	1	1	1	1	116
日甲 81 背 曰浮妾～辨僕上	日甲 52 背叁 燔生～其室中	日乙 67 甲乙～	日甲 71 背 從以上辟臑～大	日甲 35 背壹 ～（白）然毋氣	日乙 195 壹 賜～大畐
					效律 27 ～廥
					十八種 168 史～
					爲吏 21 伍 ～慮贅壻
					封診式 6 ～縣主
					日甲 13 背 ～有惡瞢
					爲吏 49 肆 ～（謀）不可遺

0633
本

3

封診式53
艮～絶

十八種38
其有～者

爲吏47貳
政之～

0634
柢

1

語書11
冒～（抵）之治

0635
朱

5

爲吏36叁
～珠丹青

答問140
盜出～（珠）玉邦關

效律7
半～（銖）【以】上

0636
根

1

爲吏6叁
～（墾）田人邑

0637
末

1

封診式65
餘～衺二尺

0638
果

7

日甲156正
女～以死

日甲130背
凡有土事弗～居

日甲3背壹
取織女而不～

0639
梃

5

答問90
以兵刃投～

答問91
木可以伐者爲～

0640
柖

14

日甲56正壹
～（招）榣

日甲55正壹
～（招）榣

封診式81
竹～=

0641 榣 14

爲吏 14 伍
百姓～（摇）貳

日甲 58 正壹
柖～（摇）轂申

日甲 55 正壹
柖～（摇）

0642 杕 3

十八種 134
勿枸櫝欙～（釱）

十八種 135
枸櫝欙～（釱）

0643 枯 1

日甲 55 背叁
～骨

0644 柔 1

爲吏 35 壹
剛能～

0645 材 22

答問 140
～（裁）鼠購

日甲 114 背
丁酉～（裁）衣

爲吏 33 貳
～（財）不可歸

十八種 4
伐～木山林

日甲 121 背
不可～（裁）衣

日甲 121 背
丁酉～（裁）衣常

0646 栽 1

十八種 125
用貞～爲傰牏

0647 築 1

封診式 97
三月中逋～宫廿日

0648 榦

3

雜抄 24
工擇～＝

爲吏 42 壹
以忠爲～

0649 樓

1

爲吏 22 叁
～椑矢閲

0650 槍

1

爲吏 23 叁
～閵環殳

0651 牀

1

日甲 125 正叁
戌不可以爲～

0652 櫝

3

十八種 135
枸～欙杕

十八種 134
勿枸～欙杕

0653 枱

1

日甲 24 背叁
取桃～〈棓〉

0654 杵

2

日甲 8 背貳
月生五日曰～

0655 梧

1

封診式 93
丙共～器

0656	0657	0658	0659	0660	0661	0662	0663
案	杓	椑	𣘼	椯	椎	柄	㞕
1	1	1	3	2	2	1	2
 語書 7 今且令人～行之	 日甲 138 背 是胃地～	 爲吏 22 叁 樓～（陴）矢閲	 日乙 111 以此日～（構）屋=  日乙 111 復内～（構）屋	 日甲 40 背貳 以鐵椎～（段）之	 日甲 40 背貳 以鐵～椯之  日甲 36 背壹 以棘～桃秉以㥁其心	 爲吏 5 伍 操邦～	 日甲 64 正叁 二月楚夏～

0664 椄
1

- 爲吏33肆　夜以～（接）日

0665 樂
20

- 日甲32背貳　好下～入
- 日甲47背貳　是陽鬼～從之
- 爲吏40壹　安～必戒
- 日乙241　乙酉生穀利～
- 日乙92壹　生子～

0666 札
3

- 效律41　甲旅～贏其籍
- 效律41　入其贏旅=～

0667 欙
3

- 十八種134　勿枸櫝～（纍）杕
- 十八種135　枸櫝～（纍）杕

0668 橋
3

- 爲吏21壹　正以～（矯）之
- 爲吏14叁　千佰津～

0669 校
4

- 效律56　計～相繆殹
- 答問179　亡～券右爲害
- 封診式95　捕～上來詣之

0670 采
7

- 十八種181　～（菜）羹
- 十八種179　～（菜）羹
- 雜抄23　右～鐵

		0671	0672	0673	0674	0675	0676
		析	枼	杲	柁	梌	檴

		2	4	1	1	1	1
 答問 7 或盜～人桑葉	 雜抄 21 ～山重殿	 編年記 9 壹 攻～	 日乙 180 母～（世）  日乙 176 外鬼父～（世）  爲吏 20 伍 三～（世）之後	 爲吏 19 貳 見民～（倨）敖	 日甲 119 正貳 ～衣常	 日甲 2 背壹 取～（硢）山之女	 十八種 132 以其～〈穫〉時

東部

0677
東

115

日乙 222 壹
~南晋之

日乙 200
正~央麗

日乙 256
室在~方

日甲 61 正
~毀

日甲 17 背肆
囷居宇~北亙

封診式 79
垣~去内五步

林部

0678
林
2

十八種 4
伐材木山~及雍隄水

0679
鬱
3

封診式 71
索迹不~

封診式 66
索迹椒~

0680
楚
14

日乙 243
戊戌生姓~

日甲 66 正叁
四月~七月

日甲 64 正肆
六月~九月

才部

0681
才
（小篆）
5

- 封診式21 求盜～（在）某里
- 十八種30 廥～（在）都邑
- 封診式34 公士鄭～（在）某里

叒部

0682
桑
（小篆）
6

- 日乙67 戊己～
- 答問7 或盜采人～葉
- 日甲45背貳 爲～丈奇户内

之部

0683
之
（小篆）
635

- 爲吏49貳 治～紀
- 效律1正 物直～
- 雜抄3 嗇夫任～
- 日乙17 窨羅～日
- 語書3 使～〓於爲善
- 十八種24 其贏者入～
- 答問10 其見智～而弗捕
- 答問206 不當貣〓～
- 日乙253 一宇閒～

巿部

0684 巿

1

日甲149背
雨～（師）以辛未死

0685 師

4

雜抄17
省殿貲工～一甲

十八種111
工～善教之

雜抄18
工～及丞貲各二甲

出部

0686 出

160

日乙45壹
必復～

效律59—60
復責其～

日乙253
其門西北～

封診式69
視舌出不～

雜抄5
有爲故秦人～

日甲59背叁
不～壹歲

十八種29
芻稾積索～日

答問140
盜～

日乙42貳
不～三歲必代寄

朩部

0687 索

21

十八種 22　餘之～而更爲發户

封診式 64　以枲～大如大指

日甲 72 正貳　得之於黃色～（腊）魚

0688 南

104

封診式 64　～鄉

日乙 172　～方

日乙 142　～毋以辰申

日甲 16 背貳　西～之西

日甲 18 背叁　～出

日甲 61 正　東～辱

日甲 138 背　北～陳垣

封診式 75　～鄉（嚮）

日甲 73 背　東～

生部

0689 生

262

日乙 247　庚子～

十八種 74　狠～者

十八種 84　將公畜～（牲）而殺

日乙 22 壹　～子年

十八種 77　亡公器畜～（牲）者

日甲 8 背貳　月～五日曰杵

答問 51　～翏=

答問 69　不欲其～

日甲 104 背　天所以張～時

0690 產

13

答問108 畜～及盗之

爲吏35叁 畜～肥

答問177 臣邦父母～子

0691 ⿰爿生

1

日乙174 ～爲姓

華部

0692 華

1

編年記34壹 卅四年攻～陽

稽部

0693 稽

2

爲吏5伍 來者有～莫敢忘

桼部

0694 髤

9

髤 效律46 工稟～它縣

效律45 ～洀相易殹

雜抄20 ～園殹

⿰𧾷桼 日乙67
壬辰～（漆）

束部

0695
束

2

十八種8
黃⿰黍魚及蘑～以上

橐部

0696
橐

3

雜抄16
臧皮革～（蠹）突

爲吏18叁
皮革～（蠹）突

0697
囊

1

日甲159背
腹爲百草～

口部

0698
回

1

十八種147—148
當行市中者～

0699 圖

3

爲吏 1 伍
謁私～

日甲 73 背
不～射亥戌

0700 困

13

爲吏 15 伍
～造之士久不陽

日甲 155 背
利爲～倉

日甲 17 背肆
～居宇東北西

日甲 24 正叁
～良日

日乙 84 壹
利入禾粟〓及爲～倉

0701 卷

5

日甲 22 背叁
～居宇東南

日甲 19 背叁
～居宇西南

0702 囿

1

囿 爲吏 34 叁
苑～園池

0703 園

5

雜抄 21
鬃～三歲比殿

爲吏 34 叁
苑囿～池

日甲 78 背
臧於～中草下

0704 因

2

爲吏 20 肆
～而徵之

語書 11—12
～恙瞋目扼捾以視力

0705 囚

8

十八種 60
食飾～

答問 196
或曰守～即更人

十八種 90
～有寒者爲褐衣

答問93
可謂縱～

0706
固

7

爲吏1伍
敢爲～

答問116
人～買

答問25
祠～用心腎

0707
圍

2

雜抄36
告曰戰～以折亡

0708
困

7

爲吏2叁
孤寡窮～

日甲61正
東北～

日甲111背
行到邦門～（閫）

0709
圂

8

日甲21背伍
～居正北吉

日乙190貳
凡癸爲屏～

日乙188貳
己丑爲～廁

0710
囚

1

爲吏13伍—14伍
令數～（究）環

員部

0711
員

4

爲吏26壹
外不～（圓）

爲吏29叁
作務～程

十八種123
及減～自二日以上

貝部

0712 貝

1

爲吏18貳
賤士而貴貨～

0713 貨

27

效律2
皆共賞不備之～

爲吏18貳
五曰賤士而貴～貝

日乙99壹
出入～吉

日乙95壹
可入～

日乙250
戊失火亡～

日乙60
利居室入～人民

答問209
人户馬牛及者～材

0714 資

2

日乙18壹
必入～貨

0715 賢

3

爲吏5伍—6伍
～鄙溉辭

爲吏27壹
尊～養孽

0716 賁

1

日甲56背叁
以～（賁）而遠去之

0717 賀

1

日乙95壹
生子必～

0718 齎

8

效律39
以～律論及賞

答問202
論及以～（資）負之

十八種105
令～（資）賞

十八種103
以～律責之

答問90
入～（資）錢如律

0719 貣

6

答問32
私～（貸）用之

答問206
～（貸）人贏律

十八種44
令縣～（貸）之

0720 賸

2

答問171
妻～（媵）臣妾

0721 賞

47

爲吏12貳
必有大～

答問52
聲聞左右者～

效律34—35
僞出之以彼～（償）

爲吏4叁
均繇～罰

效律2
共～（償）不備之貨

十八種16
直～（償）之

0722 賜

11

日乙195壹
～某大畐

十八種153
皆不得受其爵及～

爲吏26伍
～之參飯

0723 贏

28

日乙15 ～陽之日

效律8 數而～不備

十八種177 效公器～

效律33 禾～入之

效律1正 其有～不備

答問207 氣人～律及介人

答問206 貣人～律及介人

十八種29 上～不備縣廷

0724 賴

1

爲吏15肆 敬自～之

0725 負

18

答問159 當～

雜抄11 ～從馬

效律34 ～賞

十八種25 獨～之

效律48 ～者

十八種23 出者～之

0726 貳

1

爲吏14伍 百姓榣～乃難請

0727 貰

1

爲吏13叁 ～責在外

0728 贅

3

- 爲吏19伍 ～壻後父
- 爲吏23伍 ～壻後父

0729 質

4

- 答問148 勿敢擅〓强〓～〓
- 答問148 和受～者

0730 貿

1

- 答問202 節亡玉若人～傷之

0731 贖

37

- 答問31 若未啓而得當～黥
- 答問113 有辠當～者
- 雜抄32 典老～耐
- 答問4 皆～黥
- 十八種135 以上到～死
- 十八種61 欲以丁粼者一人～

0732 費

2

- 十八種37 食者籍及它～大倉
- 雜抄22 殿而不負～

0733 責

43

- 效律59—60 而復～其出殿
- 十八種15 受勿～
- 十八種44 已稟者移居縣～之
- 法律答問159 雖有公器勿～
- 效律41 而～其不備旅〓札
- 日乙122 以～人得

0734

賈

24

雜抄5
卒歲～之

效律12
直其～（價）

答問184
客未布吏而與～

效律1正
以其～（價）多者

日乙105壹
～市

封診式83
以此直衣～（價）

0735

買

22

答問116
人固～（賣）

雜抄12
軍人～（賣）稟

十八種87
求先～（賣）

0736

賤

10

日乙237貳
是胃貴勝～

答問153
賈～禾貴

爲吏2貳
～不可得

十八種121
無貴～

日乙75貳
北鄉者～

0737

賦

6

爲吏7叁
～斂毋度

雜抄22
～歲紅

十八種111
其後歲～紅與故等

答問165
弗令出戶～之謂毆

0738 貧

Count: 24

- 爲吏1貳　～不可得
- 日乙101壹　生子～
- 日乙245　庚戌生武～
- 十八種82　～窶毋以賞者

0739 賃

Count: 2

- 爲吏9伍　不～（任）其人

0740 購

Count: 19

- 答問139　約分～
- 答問134　當～二兩
- 答問139　當貲各二甲勿～

0741 貲

Count: 161

- 效律4　～一盾
- 雜抄1　～二甲
- 效律3　～官嗇夫一甲
- 答問150　廷行事～一甲
- 答問8　或曰～二甲
- 十八種76　有責於公及～

0742 貴

Count: 12

- 爲吏15貳　二曰～以大
- 爲吏18貳　五曰賤士而～貨貝
- 爲吏2貳　欲～大甚
- 答問153　賈賤禾～
- 日乙237貳　是胃～勝賤

0743 [illegible] 1

效律24　秏石數論～（負）之

0744 賣 1

答問203　可謂～=玉=

0745 [illegible] 2

日甲81背　耤鄭壬～强當良

邑部

0746 邑 15

答問63　將上不仁～里者

爲吏6叁　根田人～

十八種25　事～里于廥籍

日乙93壹　爲～桀

日甲144正叁　好田壄～屋

效律28—29　離～倉佐主稟者

0747 邦 48

爲吏7伍　～之急

語書1　害於～

答問48　告人曰～亡

答問113　臣～真戎君長

答問140　盜出朱玉～關

日乙248　女子爲～君妻

0748
郡

7

日甲3正貳
～郡得年

雜抄14
～司空一盾

日甲111背
行到～門困

十八種157
十二～

答問144
～縣

答問95
～守

日甲3正貳
邦～得年

0749
都

24

答問95
命～官曰長

效律52
及～倉庫田

十八種20
大倉課～官及受服者

日甲77背
名責環貉豺干～寅

十八種72
～官之佐史冗者

效律1正
爲～官及縣效律

0750
鄰

3

日乙21壹
之四～

答問98
其四～典老

0751
鄙

2

爲吏9肆
簡而毋～

爲吏5伍—6伍
賢～溉辥

0752
郵

2

十八種2—3
遠縣令～行之

語書8
別書江陵布以～行

0753	0754	0755	0756	0757	0758	0759	0760
竈	鄭	部	鄧	郢	鄢	邪	郭

4	2	4	1	2	2	4	1
 竈 爲吏2叁 孤寡～困	 日甲81背 耤～壬饘强當良	 答問157 ～佐匿者民田	 編年記27壹 攻～	 日甲69背 多鼠鼷孔午～	 編年記14貳 ～令史	 十八種89 葆繕參～	 爲吏8叁 城～官府
 爲吏47壹 毋～〓	 封診式34 公士～才	 雜抄14 吏～弗得		 日甲82背 庚名曰甲～相衛魚			
 日甲22背壹 宇有要不～必刑		 十八種12 ～佐謹禁御之					

0761 郄 3

日乙199 正東～逐

日乙197 正西～逐

日乙198 正北～

0762 鄖 1

日甲103正貳 ～以細□

0763 鄽 1

日甲53背壹 繹～（屨）而投之

𨛜部

0764 鄉 52

語書5 私好～俗之心不變

日乙198 東南反～

日乙200 西北反～

日甲64背壹 東北～（嚮）

效律28 ～相雜以封印之

日甲158背 令其鼻能糗～（香）

十八種21 ～相雜以印之

日甲140背 西～（嚮）室

日乙75貳 北～（嚮）者賤

0765 重 䢽 2

巷 答問186 ～相直爲院

封診式79 垣北即～殹

第七　日部——㫃部

日部

0766 日

417

爲吏33肆
夜以椄~

封診式22
今~見亭旁

十八種11
以其致到~稟之

雜抄35
辭曰~已備

答問4
一~

日乙66
木~

日乙247
不出三~必死

日乙233壹
~則

日甲107背
二月十四~

0767 時

35

日乙156
食~辰

爲吏13肆
事有幾~

答問106
父~家臯毆

十八種5
是不用~

十八種37
以計~讎食者籍

日甲104背
天所以張生~

0768 早

4

十八種5
邑之紤~（皂）

雜抄30
貲~（皂）嗇夫一盾

十八種14
罰冗~（皂）者二月

十八種 2　~〈旱〉及暴風雨

0769 昭　4

爲吏 27 肆　~如有光

爲吏 50 叁　~如有光

0770 晏　10

日甲 161 正貳　~見請命

日甲 162 正貳　~見有告

日甲 160 正貳　~見

0771 昏　1

昏 日乙 156　黃~亥

0772 晦　2

封診式 73　與妻丙~卧堂上

0773 旱　7

日乙 59　正月以朔~

十八種 13　爲~〈皂〉者除一更

日乙 53　正月以朔~

0774 昌　9

日甲 115 正叁　八歲~

日甲 34 正　是胃滋~

日甲 119 正貳　其主~

0775 暑　1

日甲 50 背壹　夏大~

0776 暴

4

十八種 2 早及～風雨

爲吏 8 壹 嚴剛毋～

0777 昔

2

日乙 120—121 以～肉吉

日甲 29 背壹 毋故鬼～（藉）其宮

0778 重 腊

1

日甲 113 正壹 以～古吉

0779 晉

4

日乙 217 壹 亓南～之

日乙 223 壹 其南～之

旦部

0780 旦

90

雜抄 5 公士以下刑爲城～

十八種 51 隸臣城～

答問 123 城～鬼薪癘

答問 124 完爲城～

日甲 101 背 ～以行有二喜

日乙 233 壹 清～

倝部

0781 倝

32

朝 日甲160正壹 卯~見

日乙177 ~啓夕閉

日乙169 ~閉夕啓

㫃部

0782 旞

10

爲吏41叁 須身~（遂）過

答問159 ~（遺）火燔

答問204 行~曰面

雜抄26 豹~（遂）不得

0783 施

4

爲吏45肆 富不~

爲吏49叁 毋~（弛）當

爲吏16肆 ~（弛）而息之

0784 游

6

日甲51背貳 是~鬼

雜抄5 ~士律

雜抄4 ~士在

0785 旋

2

封診式65 ~（繯）終在項

0786 旄

1

爲吏26叁 金錢羽~

0787
旅

5

效律41
甲～札贏其籍

答問200
可謂～人

晶部

0788重
星

12

日乙92壹
七～

日乙41貳
午在七～

日甲132正
～之門也

0789重
參

20

十八種55
旦半夕～

日乙88壹
～百事吉

日甲6背貳
凡～翼軫以出女

爲吏26伍
賜之～飯

效律6
～不正

日乙99肆
十一月～十四【日】

0790重
晨

2

日乙105壹
三月死毋～（脣）

日甲77正壹
不死毋～（脣）

月部

0791
月

685

日乙227貳
冬三～

語書1
廿年四～丙戌朔丁亥

雜抄35
賞日四～居邊

日甲1背 夏三～季壬癸

日甲102背 春三～甲乙

封診式96 二～不識日去亡

十八種157 盡三～而止之

答問127 一～得

爲吏22伍 十二～丙午朔辛亥

十八種5 七～

日乙223壹 冬三～

日甲60背叁 正～

0792

朔

32

日乙53 正月以～旱

日乙56 正月以～多雨

日乙104貳 入十月～日心

日乙117 正月七月～日

爲吏22伍 十二月丙午～辛亥

十八種46 止其後～食

0793

期

10

爲吏10壹 毋復～勝

雜抄29 及不會膚～

十八種112 盈～不成學者

有部

0794

有

441

日乙205 不去～咎

日乙251 ～子死

日甲136背 ～女喪

語書1 民各～鄉俗

雜抄1 ～輿

封診式91 丙～寧毒言

效律1正 其～贏不備

十八種31 令～秩之吏

爲吏6伍 禄立～續

朙部

0795

朙

15

明 爲吏44貳 爲人上則～

日甲104正貳 是謂血～

日乙216壹 ～鬼祟之

語書6 主之～灋

日甲158背 令耳悤目～

囧部

0796 重

盟

1

爲吏48叁 言如～

夕部

0797 夕

89

日乙26貳
日七～九

日乙27貳
日六～十

日甲61背叁
日八～八

日甲60背叁
日七～九

日甲43正
～齊

十八種55
旦半～參

0798 夜

7

日甲47背壹
犬恒～入人室

爲吏33肆
～以椄日

十八種197
官嗇夫及吏～更行

0799 夢

9

日乙190壹
丙丁～□

日乙191壹
戊己～黑

日乙194
某有惡～

日乙194
凡人有惡～

0800 外

45

日乙187
～鬼爲姓

日乙8
成～

日乙20壹
成～陽之日

封診式78
～壤秦綦履迹四所

答問129
魄遺亡鬼薪于～

答問189
～狡士

答問180
使者矦～臣邦

爲吏26壹
～不員

封診式80
小堂下及垣～地堅

0801

殅

7

日甲79背
～得莫不得

夙　日甲39背貳
一室人皆～（縮）

十八種184
到日月～莫

多部

0802

多

43

效律58
出實～於律程

日乙251
田宇～

效律1正
以其賈～者皋之

爲吏27叁
息子～少

日甲70背
～〈名〉徐善趣以未

日乙171
朝啓～夕閉

马部

0803

甬

4

效律3
～（桶）不正

十八種194
斗～（桶）

鹵部

0804
㮚

16

十八種 1
輒以書言澍稼誘～

雜抄 14
貲二甲入～公

效律 24
共賞敗禾＝～＝

效律 22
倉屚朽禾～

日乙 84 壹
利入禾～＝及爲囷倉

齊部

0805
齊

8

封診式 76
穴下～小堂

日甲 82 背
壬名曰黑疾～誣

封診式 66
舌出～脣吻

朿部

0806
棗

2

日乙 67
丙丁～

日甲 14 正貳
利～（早）不利莫

0807
棘

8

日甲 38 背壹
～鬼在焉

日甲 28 背壹
牡～爲矢

日甲 36 背壹
以～椎桃秉

片部

0808

版

1

十八種 131

毋方者乃用～

0809

牒

1

十八種 35

到十月～書數

0810

牑

2

日甲 18 背肆

井當户～閒

禾部

0811

禾

67

日乙 46 貳

丙及寅～

十八種 164

積～粟而敗之

效律 24

共賞敗～〚粟〛

效律 25

度～芻稾而不備

答問 150

～稼能出

日甲 151 背

丙及寅～

十八種 21

入～倉

十八種 10

～芻稾勶木薦

0812 秀 10

日乙 13 復～

日甲 13 正貳 ～日利以起大事

日乙 25 壹 復～之日

0813 稼 11

十八種 1 輒以書言澍～

答問 150 禾～能出

答問 158 食人～一石

0814 穜 11

日甲 151 背 不可以始～（種）

日乙 48 貳 可以始～（種）穫

日乙 64 □出～（種）

0815 稀 1

封診式 78 其中央～者五寸

0816 私 13

爲吏 1 伍 謁～圖

答問 175 以乘馬駕～車而乘之

雜抄 11 守書～卒

語書 5 ～好鄉俗之心不變

日甲 40 正 ～公必閉

0817 稷 3

日乙 65 寅～

0818 秫 1

日甲 18 正叁 稷龍寅～丑

0819 稻

8

十八種 35
~後

十八種 41
~禾一石

日甲 151 背
亥~

日乙 47 貳
亥~

0820 秏

2

效律 24
~（耗）石數

0821 稗

1

十八種 83
令與其~官分

0822 移

12

爲吏 4 伍
民心將~乃難親

效律 34
及者~羸以賞不備

雜抄 38
捕人相~以受爵者

語書 13
~書曹=

0823 采

5

日乙 48 壹
寅~（穗）

日乙 50 壹
午~（穗）

日乙 49 壹
辰~（穗）

0824 穫

5

十八種 35
己~上數

日甲 151 背—152 背
不可以始種及~賞

0825 積

27

效律 22 及～禾粟而敗之

十八種 24 其前入者是增～

效律 27 萬石一～

效律 38 櫟陽二萬石一～

十八種 29 禾芻稾～索出日

0826 秩

6

答問 139 有～吏捕闌亡者

十八種 31 故吏者令有～之吏

十八種 46 有～吏不止

答問 55 爲有～僞寫其印

十八種 82 稍減其～

0827 重 康

1

日甲 59 背貳 以脩～（糠）

0828 稾

17

效律 37 芻～如禾

效律 33—34 禾芻～積廥

爲吏 32 叁 ～靳瀆

效律 25 度禾芻～而不備

十八種 8 入芻～

日甲 76 背 臧於芻～中

0829 年

101

日乙 22 壹 生子～不可遠=行=

十八種 33 ☐以書言～

日乙 103 壹 不到三～死

編年記 14 壹
十四～

十八種 35
計稻後～

爲吏 22 伍
廿五～

0830
穀

10

日乙 65
五～龍日

日乙 241
～於武

日乙 242
癸巳生～

0831
租

2

答問 157
未～

答問 157
已～者民

0832
稍

3

十八種 78
終歲衣食不踐以～賞

十八種 82
～減其秩

十八種 120
勿～補繕

0833
秋

24

日甲 1 背
～三月

日甲 5 背貳
中～奎

日甲 1 正貳
～三月辰

日乙 111
季～

十八種 120
至～毋雨時

日甲 136 背
～之辛亥

日乙 226 貳
～三月

0834
秦

10

答問 177—178
臣邦父～母謂殹

雜抄 5
有爲故～人出

日甲 82 背
辛名曰～桃乙忌慧

答問204
耤～人使

日乙47壹
～

0835
稱

3

十八種130
爲車不勞～議脂之

十八種55
～議食之

0836
程

13

效律58
出實多於律～

爲吏29叁
作務員～

效律24
～之

十八種110
工人～

十八種33
～禾

0837
秙
1

十八種35
別粲穤～（黏）稻

0838
⿱术禾
1

十八種34
～（秫）勿以稟人

0839
⿰禾昜
1

效律42
數～（煬）風之

0840
穤
2

十八種35
別粲～（糯）秙稻

秝部

0841
兼

1

十八種 137
令相爲～居之

黍部

0842
黍

7

十八種 38
～荅畝大半斗

日乙 65
丑～

日甲 56 背貳
戊日=中而食～於道

日乙 46 貳—47 貳
乙巳及丑～

日甲 45 背壹—46 背壹
以～肉食宷人

十八種 33
程禾～⧄

0843
⿰黍魚
1

十八種 8
芻自黄～及⿱艹曆束

米部

0844
米

13

十八種 41
舂之爲糲～一石

十八種 182
糲～一斗

十八種 181
粺～一斗

（米）

日甲40背壹　多瞢~（寐）死

十八種180　糲~半斗

0845 粱　2

日甲157背　肥豚清酒美白~

0846 粲　6

日甲57背貳　是~迓之鬼處之

十八種134　鬼薪白~

十八種35　別~

0847 糲　4

十八種182　~（糲）米一斗

十八種180　食~（糲）米半斗

0848 精　10

爲吏2壹　必~絜正直

日甲59正壹　南~

日乙166　把者~（青）色

0849 粺　3

十八種43　稟毀~者

十八種181　~米一斗

0850 糗　1

日甲158背　令其鼻能~（嗅）鄉

0851 氣　18

日甲35背壹　令人色柏然毋~

效律29　以~（餼）人

十八種22　稟者各一户以~（餼）

答問 207
而誤～（餼）之

日甲 60 背貳
是=恙～處之

十八種 169
以～（餼）人

臼部

0852
臼
1

日甲 45 背壹
以沙人一升挃其舂～

0853
舂
30

日甲 45 背壹
其～臼

十八種 95
如～衣

日乙 156
～日酉

答問 78
黥爲城旦～

答問 132
隸臣妾毄城旦～

0854
臽
28

日乙 101 叁
十一月乙卯天～

日乙 99 叁
十二月己～

日乙 95 叁
八月丁～

日乙 93 貳
六月戊～

日乙 97 叁
十月庚～

日甲 137 正肆
乙～

日甲 136 正肆
甲～

日甲 138 正肆
丙～

日乙 88 貳
正月壬～

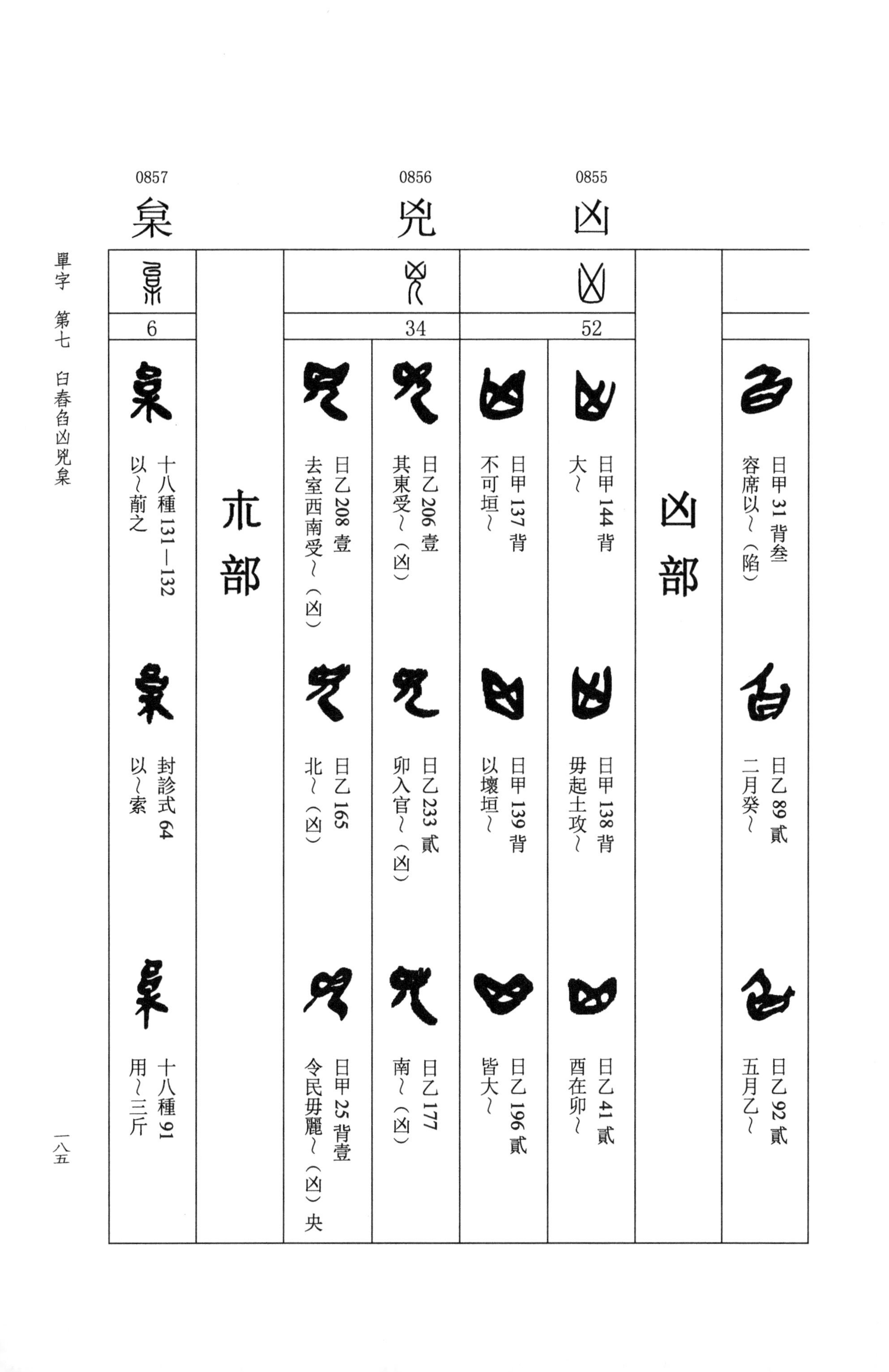

字號	字	字數	出處	辭例
（臽）			日甲 31 背叁	容席以～（陷）
			日乙 89 貳	二月癸～
			日乙 92 貳	五月乙～

凶部

字號	字	字數	出處	辭例
0855	凶	52	日甲 144 背	大～
			日甲 137 背	不可垣～
			日甲 138 背	毋起土攻～
			日甲 139 背	以壞垣～
			日乙 41 貳	西在卯～
			日乙 196 貳	皆大～
0856	兇	34	日乙 206 壹	其東受～（凶）
			日乙 208 壹	去室西南受～（凶）
			日乙 233 貳	卯入官～（凶）
			日乙 165	北～（凶）
			日乙 177	南～（凶）
			日甲 25 背壹	令民毋麗～（凶）央

朩部

字號	字	字數	出處	辭例
0857	枲	6	十八種 131—132	以～薊之
			封診式 64	以～索
			十八種 91	用～三斤

麻部

0858
麻

5

十八種 43
叔荅～十五斗

韭部

0859
韭

1

十八種 179
給之～葱

瓜部

0860
瓜

1

日乙 65
壬辰～

宀部

0861
家

43

爲吏 23 貳
五曰安～室忘官府

日乙 131
必代當～

日乙 246
壬戌生好室～

日甲59背叁
~必有恙

封診式8
某里士五甲~室

答問106
可謂~"辠"

日甲139背
其~日滅

0862
宅

2

日甲40背壹
一~之中毋故室人

0863
室

170

爲吏23貳
安家~

日乙256
~在東方

日甲47背壹
入人~

答問28
王~祠

答問77
其~人

日甲50背壹
~毋故而寒

封診式20
其~

答問10
乙~

封診式64
其~

爲吏24伍
~屋

封診式85
到~

日甲140背
西鄉~

0864
宛

3

日乙194
~奇

日乙195壹
~奇

0865 惌

1

日乙14
~結之日

0866 宇

37

答問186
~相直者

日乙251
田~多

日乙253
一~閒之

日甲17背貳
~多於西北之北

日甲103正壹
以用垣~

爲吏19伍
勿鼠田~

0867 定

24

答問121
生~殺水中之謂殹

封診式44
~名事里

答問122
所~殺

答問96
~辠人

0868 安

17

爲吏40壹
~樂必戒

爲吏6肆
~（按）騶而步

十八種57
城旦爲~事而益

答問168
問~置其子

日甲18背貳
宇多於東北之北~

0869 察

4

雜抄37
有後~不死

爲吏24貳
一曰不=~=所=親=

十八種123
爲不~

0870
完
完
21

雜抄 15
不～善

答問 6
當～城旦

日甲 27 背貳
以犬矢爲～（丸）

日乙 81 壹
以生子不～

十八種 7
～入公

0871
富
富
38

爲吏 1 貳
欲～大甚

日甲 152 正貳
在奎者～

日甲 18 背肆
井當户牖閒～

日乙 251
申失火～

日乙 249
乙失火大～

0872
實
實
37

日乙 26 壹
～子

效律 19
～官佐

日乙 36 壹
～卯

答問 150
～官户扇不致

十八種 64
雜～之

0873
宋
宋
2

日甲 44 背壹
是～＝人生

0874
容
容
64

封診式 20
得此錢～（鎔）

答問 149
～指若抉

封診式 19
～（鎔）二合

0875 宂

12

- 效律 52　其它～吏
- 效律 2　～吏皆共賞不備之貨
- 效律 23—24　～吏共賞
- 十八種 14　罰～皂者二月
- 雜抄 35　～募歸
- 十八種 50　其母～居公者

0876 宦

5

- 日乙 141　久～者
- 答問 191　～及智於王
- 十八種 181　～奄如不更

0877 守

23

- 答問 196　～囚即更人
- 答問 95　今郡～爲廷不爲＝
- 答問 16　爲～臧
- 雜抄 1　除～嗇夫
- 封診式 7　遣識者以律封～
- 十八種 161　毋令官佐史～

0878 寵

6

- 日乙 244　戊申生有～
- 封診式 144 正陸　有～
- 日乙 238　戊辰生有～

0879 宜

8

- 日甲 19 背伍　依道爲小内不～子
- 十八種 185　～到不來者
- 日甲 23 背叁　圈居宇西北～子與

0880 寫

3

- 答問 56　廷行事以僞～印
- 十八種 186　～其官之用律

0881 宵	0882 宿	0883 寬	0884 寡	0885 客	0886 寄
2	3	2	11	10	18
封診式 73 自～臧乙	雜抄 34 ～者已上守除	爲吏 12 壹 ～俗忠信	日甲 90 背壹 其室～	答問 140 ～者	日乙 131 反～之
封診式 85 自～子變出	雜抄 34 徒卒不上～	爲吏 3 肆 ～以治之	日乙 99 壹 生子～	答問 90 邦～	日乙 121 入之所～之
	十八種 196 善～衛		日乙 255 爲閒者不～夫	十八種 35 以給～	日乙 42 貳 凡五巳不可入～者
			日乙 242 ～弟		答問 11 ～乙〓受
			爲吏 2 叁 孤～窮困		日甲 127 背 不可入～者及臣妾

0887 寓

1

日甲 60 正叁
～人及臣妾

0888 寒

4

日甲 50 背壹
夏大暑室毋故而～

爲吏 31 叁
衣食飢～

0889 害

21

十八種 161
令君子毋～者

語書 1
或不便於民～於邦

爲吏 50 貳
除～興利

答問 179
亡校券右爲～

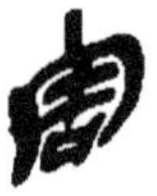

答問 3
當駕如～盜不當＝

日甲 66 背貳
不～矣

0890 索

8

效律 25
先～（索）以稾人

爲吏 13 伍
～（索）其政

十八種 29
芻稾積～（索）出日

0891 宋

1

日甲 36 背叁
鬼恒～（聳）傷人

0892 宗

1

爲吏 25 伍
～族昆弟

0893 㝉

1

爲吏 5 叁
拏悍～（戮）暴

0894
⿱宀脯

1

日甲 68 背壹
己乃～（鋪）

宮部

0895
宮

28

答問 113
贖～

日甲 19 背陸
大～小門

日甲 57 背叁
入人～

日甲 49 背貳
其～

日甲 32 背貳
入～

答問 188
～隸

十八種 17
～廄

日甲 138 背
神以毀～

0896
營

7

日甲 56 正壹
玄戈毄～室

日甲 53 正壹
危～室少吉

日甲 56 正壹
危～室致死

呂部

0897
呂

1

爲吏 18 伍—19 伍
叚門逆～（旅）

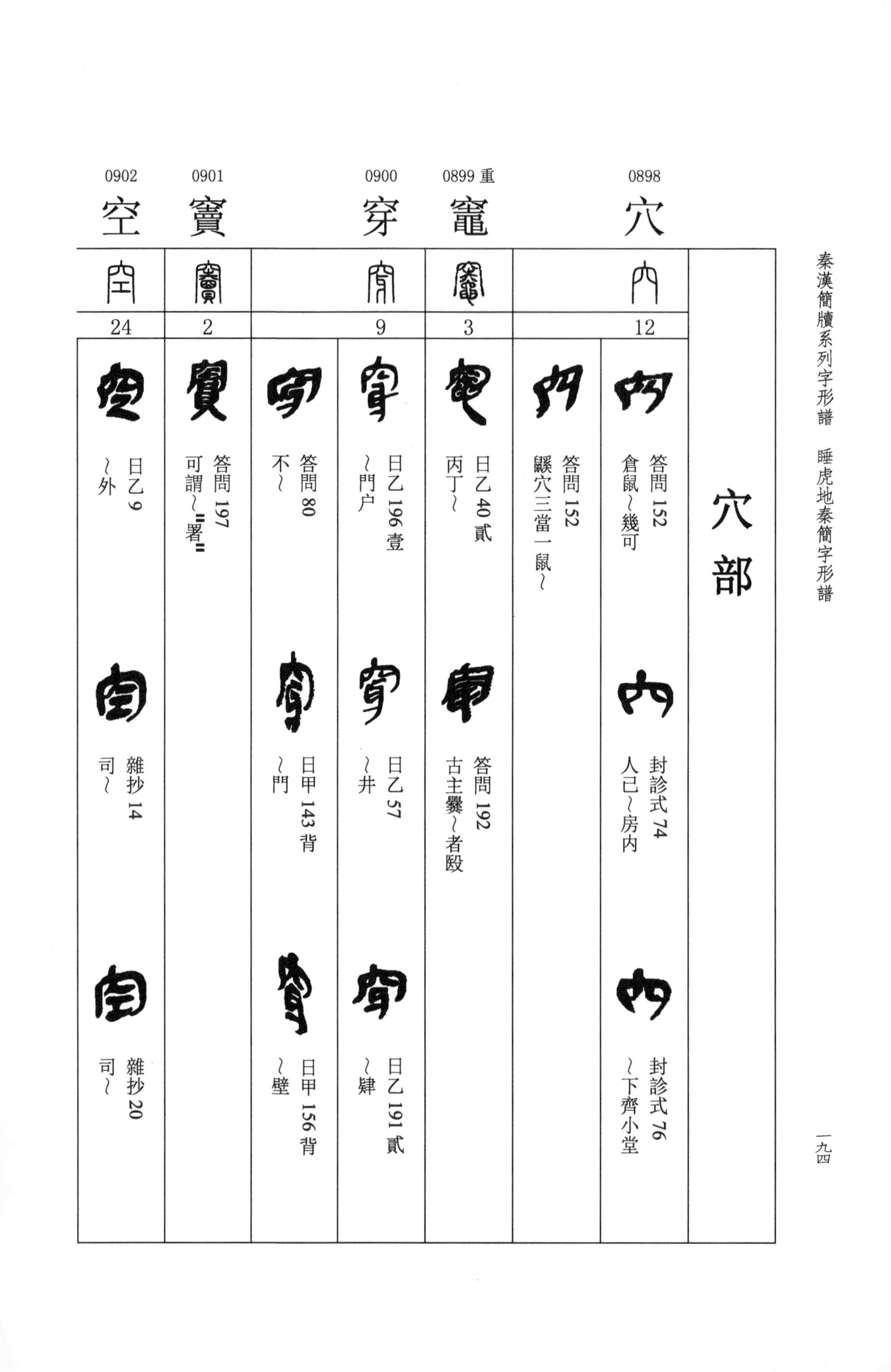

穴部

0898 穴 12

- 答問 152　倉鼠～幾可
- 封診式 74　人已～房内
- 封診式 76　～下齊小堂
- 答問 152　鼷穴三當一鼠～

0899 重 竈 3

- 日乙 40 貳　丙丁～
- 答問 192　古主爨～者殹

0900 穿 9

- 日乙 196 壹　～門户
- 日乙 57　～井
- 日乙 191 貳　～肂
- 答問 80　不～
- 日甲 143 背　～門
- 日甲 156 背　～壁

0901 竇 2

- 答問 197　可謂～=署=

0902 空 24

- 日乙 9　～外
- 雜抄 14　司～
- 雜抄 20　司～

0903 窨

15

- 日乙21壹 ～外
- 答問151 ～倉
- 十八種116 司～
- 十八種123 司～
- 日乙37壹 ～巳
- 日乙35壹 ～卯
- 日乙17 ～羅之日
- 日乙5 ～羅
- 窨 日乙30壹 ～戌
- 日乙29壹 ～酉

0904 窋

1

- 日甲25背壹—26背壹 彼～（屈）臥箕坐

0905 室

1

- 日甲31背叁 注白湯以黃土～

0906 突

5

- 效律42 有蠹～者
- 雜抄16 槖～
- 日甲72背 多兔竈陘～垣義酉

0907 寠

4

十八種 82
貧~毋以賞者

日甲 56 正叁
同居必~

日甲 54 正叁—55 正叁
異者焦~

疒部

0908 疾

47

十八種 17
其非~死者

爲吏 8 肆
~而毋諰

日乙 157
以有~

日乙 167
西兇南見~

日甲 82 背
壬名曰黑~齊諈

語書 10
緰隨~事

日甲 25 背叁—26 背叁
復~趣出

0909 痛

2

封診式 85
病復~

0910 病

32

日乙 187
丙丁~戊有閒

爲吏 44 壹
君子不~毆

日甲 43 背壹
或死或~

日乙 188 壹
以問~者

封診式 52
以三歲時~疕

日乙 181
有~者

（病，續）

日乙193貳　問～者

日乙188壹　必代～

日甲84背壹　有～者三人

封診式85　即～復痛

十八種55　其～者稱議食之

0911 疵（18）

日甲74背　～在足

日甲69背　～在耳

日乙255　～而在耳

日乙238　不然必有～於前

日乙256　～在尾☒

日甲80背　～在㡛

0912 疕（1）

封診式52　以三歲時病～

0913 癰（1）

封診式86　診甲前血出及～狀

0914 癘（6）

答問122　今甲～

答問122　當䙴～所處

答問121　～者有鼻

0915 疻（3）

答問87　比～痏

答問89　毋～痏

答問87　比～痏

字頭	字數	辭例
0916 痏	7	答問88 比疻～；答問87 比疻～；答問89 毋疻～
0917 痍	4	答問208 可如爲大〓～〓；答問208 二人扶出之爲大～
0918 重 㾓	13	爲吏30叁 老弱～（癃）病；日乙110 大主死～（癃）；雜抄32 及占～（癃）不審；日乙90壹 以生子～（癃）；日乙250 有～（癃）子；答問133 比公～（癃）不得〓
0919 疫	3	日甲40背壹 室人皆～
0920 瘳	1	日乙108 病〓～必復之
0921 癡	1	日甲47背貳 女子不狂～
0922 㽽	1	日甲86正壹 生子～（瘖）

0923

𤺊

1

日甲 90 背壹
未～也

0924

𤹜

1

日甲 57 背壹
疾～（𥻮）瓦以還

冖部

0925

冣

1

㝡 日甲 5 正貳
～眾必亂者

冃部

0926

同

43

爲吏 46 壹
～能而異

日乙 132
夫妻～衣

效律 35
與盜～灋

效律 17
～官而各有主

答問 15
～辠

日乙 106 壹
毋它～生

雜抄 13
～車食

十八種 99
不～

十八種 98
爲器～物者

冃部

0927 冒

2

- 語書 11　而有～柢之治
- 十八種 147　～赤

0928 最

6

- 語書 13　其畫～多者
- 日甲 55 背叁—56 背叁　旦而～（撮）之
- 日甲 16 背壹　宇～邦之下

㒳部

0929 兩

17

- 效律 3　不盈十六～
- 效律 3　不盈十六兩到八～
- 效律 5—6　八～以上
- 十八種 130　用膠一～脂二錘
- 答問 135　當購二～
- 效律 6　四～以上
- 答問 136　人購二～
- 十八種 73　車牛一～（輛）
- 效律 3　十六～以上
- 答問 137　當購人二～

网部

0930 重 罔

8

十八種5
置穽～（網）

爲吏35肆
～（輞）服必固

日甲86正壹
置～（網）及爲門

日甲24背壹
鬼害民～（妄）行

日甲85背壹
寅～

0931 羅

3

日乙5
窗～

日乙223貳
視～

日乙17
窗～之日

0932 署

15

答問197
可謂竇=～=

雜抄34
～君子

爲吏20伍
～其籍曰

十八種55
其守～及爲它事者

0933 罷

1

答問133
～癃守官府

0934 置

20

答問168
問安～其子

日乙86壹
以邋～罔及爲門

爲吏46叁
灋～以私

十八種5 ～穽罔

雜抄6 ～任不審

十八種160 ～吏律

襾部

0935 覆

8

日甲101正壹 不可以爲室～屋

封診式21 緹～（複）衣

封診式13 ～敢告某縣主

巾部

0936 巾

1

封診式87 已前以布～裹

0937 帥

2

日甲7正貳 行～〈師〉出正

日乙19壹 利以行～〈師〉徒

0938 幅

1

日甲13背 賜某大～（富）

0939 帶

6

日乙15 裚寇～

日乙125 寇～

日乙25壹 ～劍

0940 常  15

日乙23壹
利以裚衣～（裳）

日乙129
裚〓～（裳）

日甲121背
丁酉材衣～（裳）

日乙242
必善醫衣～（裳）

日甲118背
裚〓～（裳）

0941 帬  3

封診式68
～各一

封診式61
令甲以布～

封診式58
衣布禪～

0942 幏  1

十八種91
爲～布一

0943 席  6

日甲41背壹
如～處

雜抄4
不辟～立

日乙145
耐爲四～〓

日甲157背
夫〓先敓兕～

0944 布  40

封診式61
以～帬

日乙195壹
不錢則～

答問23
以買～衣而得

語書5
今灋律令已～聞

十八種65
金～

日甲13背
非錢乃～

0945
希

2

日甲69背
～（稀）須

日甲71背
～（稀）須

帛部

0946
帛

2

封診式22
～裹莽緣領褎

封診式82
～裹

0947
錦

3

答問162
毋敢履=～〔=〕履=

答問162
以～縵履不爲

答問162
乃爲～履

白部

0948
白

17

日乙178
把者～色

日乙58
雨～〈日〉

十八種134
鬼薪～粲

十八種34
別黃～青

日甲157背
肥豚清酒美～粱

日甲57背貳—58背貳
取～茅及黃土

㡀部

0949
敝

5

日乙129
丁巳衣之必~

第八　人部——次部

人部

0950 人

447

日乙79壹
~大室

日乙258
盜三~

語書6
則爲~臣亦不忠

封診式74
~已穴房内

答問200
可謂旅~

爲吏6叁
根田~（佃）邑

答問38
告~盜百一十

0951 保

1

封診式86
~之狀

0952 仁

4

答問63
不~邑里者而縱之

十八種95—96
不~其主及官者

爲吏36壹
~能忍

0953 佩

1

日甲146正貳
男好衣~而貴

0954
伊

2

編年記 14壹
～闕

0955
僑

1

答問 55
～（矯）丞令

0956
倨

1

爲吏 38叁
～驕毋人

0957
備

44

效律 1正
其有贏不～

雜抄 10
馬～

答問 132
～轂日

0958
偕

8

答問 101
～旁人不援

答問 12
已去而～得

十八種 37
與計～

0959
傳

14

封診式 65
足不～地二寸

雜抄 33
～律

十八種 119
縣所葆禁苑之～山

0960
依

3

日甲 75背
必～阪險

十八種 198
毋～臧府書府

0961
付

1

封診式 11—12
即以甲封～某等

0962 伍 16

十八種 68 列～長弗告

雜抄 33 ～人

答問 156 當～及人不當

0963 什 1

雜抄 36 敦長～伍智弗告

0964 佰 2

爲吏 14 叁 千～（陌）津橋

0965 作 42

日乙 155 ～大事

日乙 120 勿以～事

日乙 257 其上～折其☐

爲吏 29 叁 ～務員程

十八種 49 未能～者

十八種 50 未能～者

日乙 111 勿以～事

答問 63 當毄～如其所縱

答問 63 有爵～官府

0966 候 1

答問 203 者～（侯）

0967 代 17

日乙 42 貳 不出三歲必～寄

日乙 131 必～當家

十八種 136 不得～

日乙188壹
必～病

0968 便

㑊

5

語書4
不～

語書1
不～

0969 任

任

11

雜抄6
置～不審

十八種196
大嗇夫丞～之

語書6
不勝～

0970 俗

俗

6

語書3
鄉～

爲吏12壹
寬～（容）忠信

語書1
鄉～

0971 使

使

23

語書3
～之=於爲善

爲吏7肆
毋～民懼

十八種46
公～有傳食

0972 傳

傳

17

語書8
以次～

答問184
詣符～于

十八種45
毋以～貣縣

0973 僞

僞

16

答問55
爲有秩～寫

效律34—35
～出之以彼賞

雜抄32
敢爲酢～者

十八種174
～出之以彼賞

0974
傷

6

爲吏 30 肆
道～（易）車利

爲吏 29 貳
則民～指

日甲 36 背叁
鬼恒宋～（惕）人

傷 日乙 230 貳
亥入官～去

答問 202
貿～（易）之

答問 93
及～其獄

0975
僨

1

封診式 84
丙～府甲

0976
傷

29

日乙 112
主人必大～

雜抄 27
～乘輿馬

答問 44
今乙賊～人

答問 134
甲告乙賊～人

0977
伏

1

日乙 147
不可祠人～=

0978
伐

16

日乙 128
～封木

日乙 62
利單～

十八種 4
～材木山林

答問 91
木可以～者爲梃

日甲 44 正
利以戰～

日甲 143 背
～木

0979 僂 2

- 爲吏22貳　四曰受令不~

0980 咎 14

- 日乙205　不去有~
- 日甲4背貳　父母有~
- 日乙124　有~主

0981 仗 1

- 十八種147　~城旦勿將司

0982 仮 1

- 日乙22壹　遠=行=不~（返）

0983 佐 37

- 語書9　廉絜敦慤而好~上
- 效律19　實官~史被免徙
- 雜抄1　叚~居守者
- 十八種73　都官~史不盈十五
- 封診式39　~某以市正賈賈
- 答問157　部~爲匿田

0984 免 42

- 爲吏51壹　不取句~
- 答問145　丞=已~
- 十八種22　嗇夫~
- 效律32　其有~去者
- 效律17　官嗇夫~
- 雜抄3　~賞四歲繇戍

0985 佸

1

日甲 34 正
～（佸）時

0986 傰

1

十八種 125
栽爲～（棚）牏

七部

0987 真

6

答問 113
臣邦～戎君長

答問 49
且行～辠

爲吏 3 伍
民將望表以戾～

答問 177
産它邦而是謂～

匕部

0988 頃

6

十八種 1
毋稼者～數

答問 64
～半封毆

十八種 2
亦輒言其～數

0989 𡿺

1

𡿺　封診式 57
～（腦）角出皆血出

0990
艮

3

封診式53
～本絶

日甲47正叁
此所胃～山

从部

0991
從

58

日乙180
黑肉～東方來

爲吏41肆
～政之經

語書7
舉劾不～令者

十八種49
其不～事

十八種179—180
使者之～者

封診式57
皆～（縱）頭北

答問127
當～事官府

日甲71背
～以上辟臑梗大

日甲130正
～左吝

0992
并

4

答問49
當～臧以論

比部

0993
比

24

效律27
～黎之爲户

十八種21
～黎之爲户

封診式75
～大内

爲吏31貳
士毋所～

答問75
～歐主

答問75
～折文

北部

0994 北

120

日乙205
去室～

日甲61正
東～困

日乙198
正～郄

封診式57
～（背）二所

日甲60正壹
～困辱

日甲60正壹
西～毄

答問174
女子～其子

日乙259
其～壁臣

丘部

0995 丘

10

封診式47
瀀～主

封診式49
瀀～已傳

日甲29背壹
取故～之土

0996 虛

25

日乙26壹
～戌

日乙30壹
～寅

日乙45壹
～日

日甲59正叁 ~四

日甲58正壹 玄戈毄~

日乙41貳 子在~

㐺部

0997

眾

8

日甲86背壹 卯會~

十八種78 其所亡~

答問52 廣~心

0998

聚

3

爲吏2肆 惠以~之

日乙132 ~具畜生

壬部

0999

徵

3

爲吏20肆 因而~之

敳 十八種115 御中發~

1000

朢

8

爲吏29肆 使民~之

爲吏3伍 民將~表以戾真

日乙52貳 祠史先龍丙~

睉 日甲68背壹 以~之

重部

1001 重 11

效律60 自~

答問93 辠當~

雜抄21 ~殿

十八種196 ~辠

1002 量 2

爲吏5伍 慎度~

臥部

1003 臥 6

日甲64背壹 東北鄉如之乃~

日甲31背叁 ~者容席以臽

封診式73 與妻丙晦~堂上

1004 監 1

答問151 令史~者一盾

1005

臨

11

爲吏 37 叁
～事不敬

日乙 136—137
直赤啻～見日

日乙 134
赤啻恒以開～下民

身部

1006

身

27

封珍式 38
甲=未賞～免丙

爲吏 41 叁
須～旞過

爲吏 3 伍
表以～

日甲 119 背
終～衣絲

答問 69
其～及不全

日甲 118 背
矢兵不入于～=

衣部

1007

衣

101

十八種 48
令就～食

日乙 189 壹
被黑裘～寇

封診式 73
結～一乙房内中

日乙 132
夫妻同～

爲吏 31 叁
～食飢寒

答問 23
以買布～而得

1008

表

4

雜抄 36
敦～律

爲吏 3 伍
～若不正

字頭	編號	出現次數	字例
裏	1009	3	封診式22 帛～莽緣領褎
衽	1010	2	日甲68背貳 乃解衣弗～
衺	1011	11	封診式78 ～尺二寸；封診式57 ～各四寸；十八種66 布～八尺
褎	1012	1	封診式22 帛裏莽緣領～（袖）
複	1013	2	日甲121背 不可爲～衣
襦	1014	4	封診式68 衣絡襌～帬各一
襌	1015	2	封診式68 衣絡～襦帬各一
襄	1016	3	十八種35 別粲襦之～（釀）

1017 被

4

十八種 26
萬石而～（被）出者

日乙 189 壹
甲乙夢～黑裘衣寇

1018 雜

32

答問 162
以絲～織履＝

十八種 194
內史～

十八種 22
見～封者

十八種 186
內史～

效律 37
必令長吏相～以見之

效律 28
倉鄉相～以封印之

1019 裂

1

答問 80
夬～男若女耳

1020 補

11

十八種 89
韋革紅器相～繕

雜抄 40
戍者城及～城

雜抄 41
令戍者勉～繕城

1021 裹

4

封診式 85
今甲～把子來詣自告＝

1022 褐

6

十八種 91
中～一

十八種 91
爲～以稟衣

十八種 91
小～一

1023 衰

2

爲吏 49 壹
毋～＝

爲吏 33 壹
壯能～

1024
卒
27

十八種 116
令結堵～歲

雜抄 8
中～

日甲 154 背
復～其日

十八種 118
～歲而或陝壞

1025
製
1

日乙 130
凡～車

1026
衤寺
1

日甲 25 背貳—26 背貳
是～鬼僞=鼠

1027
裚
11

日乙 15
～（製）寇帶

日乙 129
利以～(製)衣

爲吏 16 貳
三曰擅～（製）割

1028
衤巂
1

日乙 87 壹
此～（儶）

裘部

1029
裘
1

日乙 189 壹
甲乙夢被黑～衣寇

1030 重

求

17

雜抄 38
～盜

日乙 77
可有～

十八種 87
～先買

老部

1031

老

20

日乙 107 壹
～爲人治

雜抄 32
至～時不用請

十八種 184
隸臣妾～弱

答問 98
典～雖不存

1032

耆

7

日甲 144 正伍
～（嗜）酉及田邋

十八種 136
～弱相當

爲吏 35 伍
人各食其所～（嗜）

1033

壽

3

日乙 245
☐□□☐～

日乙 74 貳—75 貳
西鄉～

1034

考

2

日乙 238
不武乃工～（巧）

1035

孝

8

封診式 51
誠不～甲所

答問 102
免老告人以爲不～

爲吏 41 貳
爲人子則～

毛部

1036 毛

2

日甲5背壹 敝~之士以取妻

日甲47背叁 六畜~邋其止所

尸部

1037 尸

2

日甲111正壹 夏~紡月毀棄東方

1038 居

144

效律21 ~吏

日乙116 弗~

效律20 ~吏

十八種44 移~縣責之

語書13 當~曹

日乙117 不~

1039 屋

18

日乙191貳 爲~

爲吏15叁 囷~蘠垣

日甲155背 亵~

1040 屏

4

日甲157背 筍~詷馬

日乙190貳 凡癸爲~圂

1041
豙
1

十八種27 見～之粟積

尺部

1042
尺

30

封診式82 五十～

十八種51 高不盈六～五寸

答問6 高六～七寸

十八種61 高五～以下

尾部

1043
尾

9

日甲53正壹 心～大吉

日乙101壹 ～百事凶

日甲47正壹 心～致死

1044
屬

8

十八種201 ～邦

效律53 ～于鄉者

十八種157 吏及佐羣官～

1045
屈

12

爲吏34壹 悳能～

日甲120正貳 ～門

日甲41背貳 ～（掘）而去之

日甲39背壹
～（掘）而去之

履部

1046 履

13

答問162
乃爲錦～

封診式78
外壤秦綦～迹四所

封診式22
及～

1047 屨

4

日甲58背叁
乃棄其～

日甲57背叁
乃投以～

舟部

1048 船

6

日乙44貳
丁卯不可以～行

日甲128背
丁卯不可以～行

日甲128背
六壬不可以～行

1049 服

10

爲吏35肆
罔～必固

十八種18
其乘～公馬牛亡馬者

日乙70
可以出入牛～之

方部

1050
方

69

 十八種 131 ～之以書	 爲吏 24 壹 中不～	 日甲 75 背 旦啓夕閉東～	 日甲 88 背叁 東～木
 十八種 131 毋～者乃用版	 爲吏 15 伍 聽有～	 日甲 21 背肆 廡居東～	 日乙 160 從東～來
 答問 88 其大～一寸	 日甲 90 背叁 西～金	 語書 4 閒私～而下之	 日乙 259 其室在西～

儿部

1051
兒

3

 日甲 29 背叁 鬼嬰～恒爲人號曰
 十八種 50 嬰～之毋母者各半石
 封診式 86 即診嬰～男女

1052
兑

3

 日甲 5 正貳 ～（説）不羊
 日甲 69 背 盜者～（鋭）口
 日甲 11 正貳 利以～（説）明組

兄部

1053
兄

2

日乙170
外鬼～茉爲姓

封診式93
甲等及里人弟～

先部

1054
先

32

效律25
～索以稾人

封診式68
診必～謹審視其迹

日乙169
午以東～行

答問8
～自告

日乙161
西～行

日甲156背
～牧日丙

見部

1055
見

120

日乙164
中鬼～社爲姓（眚）

爲吏2伍
不敢徒語恐～惡

效律37
令長吏相雜以～之

十八種22
～雜封者

答問10
其～智之而弗捕

日乙154
～人吉

1056
視
視
18

答問144
不～其事者

語書12
疾言以～（示）治

十八種159
乃令～事及遣之

日乙223貳
～羅

爲吏25伍—26伍
將軍勿恤～

1057
觀
觀
1

爲吏34肆
～民之詐

1058
覺
覺
4

答問10
乙弗～

日乙194
～而擇之

1059
親
親
9

爲吏4伍
民心將移乃難～

日乙148
祠～

封診式50
甲～子同里士五丙

欠部

1060
欽
欽
1

效律11
～（咸）書其縣料毆

1061
欲
欲
35

十八種30
～一縣之

爲吏2貳
～貴大甚

雜抄26
虎～犯

答問30
抉之且~有盜

日乙181
王父~殺

十八種48
百姓有~叚者

1062
歌

7

日乙132
遠行若飲食~樂

日甲76背
爲人我〓然好~無

日甲29背貳
以~若哭

1063
欦

1

日甲56背壹
~鬼之氣入焉

1064
次

4

語書8
以~傳

封診式49
以縣~傳詣成〓都〓

㱃部

1065
㱃

25

效律46
~水〓

日乙132
若~食歌樂

答問15
妻〓與共~食之

次部

1066
盜

166

爲吏25叁
水火~賊

日乙259
庚亡~丈夫

日乙258
~三人

效律35
皆與～同瀶

雜抄38
求～

答問1
別徼而～

十八種193
禁苑憲～

十八種119
～陜道出入

頁部

1067	1068	1069	1070	1071	1072
頭	顏	顯	顡	頰	頸
13	3	1	4	1	6
封診式65 ～上去權二尺	答問88 嗌人顡若～	爲吏23壹 止欲去～（願）	答問74 黥顏～	日甲79背 疵在～	日甲35背貳 以良劍刺其～
封診式57 皆從～北	答問74 黥～顡		答問174 或黥顏～爲隸妾		診式64—65 旋通係～
日甲72背 ～顡			日甲153正叁 雖求～啻必得		

編號	字頭	小篆	字數	字形及辭例
1073	領		1	 封診式22 帛裏莽緣～褏
1074	項		3	 答問75 鬭折脊～骨  封診式65 旋終在～
1075	顧		3	 答問89 毆者～折齒
1076	順		1	 日甲3正貳 陽日百事～成
1077	煩		9	 爲吏13伍 毋發可異史～請  日甲77正貳 ～居北方  日乙187 ～在北
1078	顯		2	 答問191 皆爲～夫=
1079	顡		1	 日甲72背 頭～〈顡〉
1080	顴		3	 日甲130正 毋敢～（顧）

面部

1081 面

9

答問 204
可謂匧〓〜〓

日甲 71 背
〜有黑焉

日甲 69 背
〜有黑子焉

首部

1082 首

26

雜抄 7
斬〜者

日乙 248
北〜西鄉

十八種 155
斬〜

県部

1083 縣

102

效律 11
欽書其〜料殹之數

封診式 6
敢告某〜主

日甲 66 背貳
〜（懸）以葿

十八種 2
近〜令輕足行其書

日甲 115 正貳
膾〓毋絶〜（懸）肉

語書 8
有且課〜官

須部

1084 須

20

爲吏 12 叁
事不且～

日甲 71 背
希～（鬚）

答問 63
以～其得

日甲 76 背
盜者長～（鬚）耳

十八種 87
不可以～時

彡部

1085 弱

6

爲吏 3 叁
老～獨轉

十八種 184
隸臣妾老～

十八種 136
耆～相當

文部

1086 文

2

答問 162
履=有～

髟部

1087 髮

12

日甲 60 背貳
故而～撟若虫

答問 84
斬人～結

日乙 194
西北鄉擇～而駟

1088
髡

3

答問 103
擅殺刑～子

司部

1089
司

46

雜抄 9
縣～馬貲二甲

日乙 146
唯福是～

十八種 143
～空

卩部

1090
令

190

語書 4
脩灋律令田～

答問 93
端～不致

爲吏 11 伍
欲～之具下勿議

爲吏 19 伍
勿～爲户

日甲 158 背
～耳悤目明

十八種 16
其弗亟而～敗者

效律 54
其～丞坐之

雜抄 41
～戍者勉補繕城

日甲 157 正肆
～復見之

1091
厄

2

答問 179
以火炎其衡～（軛）

1092 卷

2

日甲87正貳　筑羊～（圈）

1093 卻

1

封診式66　污兩～（脚）

印部

1094 印

13

爲吏24叁　比臧封～

效律30　唯倉所自封～是度縣

十八種21　鄉相雜以～之

十八種64　亦封～之

答問138　告盜書丞～以亡

答問56　廷行事以僞寫～

色部

1095 色

22

日乙184　人黃～死土日

日乙170　把者赤～

日甲74背　黃～

日甲69背　手黑～

卯部

1096
卿

1

日乙248
必爲上～

辟部

1097
辟

13

答問96
且以～辠

十八種185
書廷～有曰報

雜抄4
不～（避）席立

勹部

1098
旬

64

日甲138背
月中～

日乙152
二～

十八種14
賜田典日～

十八種13
賜牛長日三～

日甲87背肆
入五月～二日心

日乙151
五月～六日

1099
冢

1

答問190
瀸公～者毆

1100

匌

1

日甲41背壹
是=～鬼貍焉

包部

1101

包

6

雜抄7
縣毋敢～卒爲弟子

封診式48
以律～

答問61
不=當=～

苟部

1102

敬

13

爲吏7貳
一曰中信～上

十八種196
慎守唯～（儆）

日甲87背壹
其後必有～（警）

爲吏46肆
貴不～

鬼部

1103

鬼

98

日乙216壹
明～

日乙206壹
明～

雜抄5
～薪

爲吏46貳　君～（惠）臣忠

爲吏38貳　以此爲人君則～（惠）

答問27　狙～

1104 醜

1

語書12　誈訆～言麃斫以視險

由部

1105 畏

3

日甲33背壹　～死矣

日甲24背貳　～=人=

1106 禺

10

日甲66正壹　北～（遇）英

日甲162正肆　～（遇）奴

日乙181　～（遇）御於豕肉

厶部

1107 篡

1

封診式71　頭髮中及～

1108重 誘

2

十八種1　及～（秀）粟

鬼部

1109 巍

4

巍 爲吏21伍

～（魏）户律

山部

1110 山

18

日甲2背壹

禹以取梌～之女日

十八種131

其縣～之多苹者

日甲48正叁—49正叁

☐與枳刺艮～

封診式26

某～

十八種4

毋敢伐材木～林

雜抄21

采～重殿

1111 岑

1

爲吏48壹

毋～=

1112 密

1

爲吏5壹

微～韱察

1113 ⿱頃山

1

爲吏11伍

彼邦之～（傾）

广部

1114 府（府） 34

答問 155 吏從事于官～

效律 42 官～臧皮革

雜抄 23 左～

爲吏 8 叁 城郭官～

爲吏 23 貳 五曰安家室忘官～

十八種 122 公舍官～

1115 廡（廡） 1

日甲 21 背肆 ～居東方

1116 庫（庫） 3

雜抄 15 ～嗇夫吏貲二甲

效律 52 ～田亭嗇夫

1117 廄（廄） 10

雜抄 29 貲～嗇夫一甲

日甲 70 背 臧牛～中草木下

十八種 14 ～苑律

1118 廦（廦） 3

封診式 81 去～（壁）各四尺

封診式 64 北～（壁）權

1119 廣（廣） 10

封診式 57 ～各一寸

答問 52 ～眾心

十八種 66 福～二尺五寸

編號	字頭	小篆	數量	字形及辭例
1120	廥		20	 效律32 史主～者  十八種25 ～籍  效律27 某～禾若干石
1121	廁		1	 日乙188貳 己丑爲圂～
1122	廉		5	 爲吏9壹 ～而毋刖  語書10 不～絜
1123	庶		3	 答問125 羣盜赦爲～人  十八種156 免以爲～人
1124	庰		1	 語書11 是以善～（訴）事
1125	庍		1	 封診式84 丙債～（斥）甲
1126	庢		2	 答問28 盜埱～

危部

1127
危

31

日乙47壹
寅酉～陽

日乙56
～陽

日甲14正壹
～酉

石部

1128
石

60

效律31
其餘禾若干～

效律5
半～不正

答問191
六百～吏以上

長部

1129
長

51

十八種73
各與其官～共養

日乙241
癸未生～

日乙43貳
～行

日乙188貳
～死之

爲吏15伍
辯短～

爲吏44肆
～不行

1130
⿰镸坐

1

日乙22壹
～外陰之日

勿部

1131 勿

勿

84

日乙 120 ～以作事大祠

爲吏 16 壹 敬上～犯

答問 69 ～辠

日乙 247 ～舉

效律 45 ～以爲贏

日甲 73 背 ～言已

而部

1132 而

而

331

日乙 255 疵～在耳

爲吏 20 肆 因～徵之

十八種 11 稟大田～毋恒籍者

語書 3 ～吏民莫用

日乙 17 ～遇人=

效律 11 縣料～不備者

1133 重 耐

耐

51

答問 194 ～史隸

答問 128 當～

雜抄 4 ～爲侯

日乙 145 ～（乃）爲四席=

答問 124 ～爲隸臣

十八種 153 灋～䙴者

豕部

1134 豕 9

日乙 158　~☐

日甲 121 正叁　宜~

日乙 181　禹御於~肉

1135 豬 7

封診式 76　上如~竇狀

封診式 76　上如~竇狀

答問 50　誣人曰盜一~

1136 貇 4

十八種 74　~生者

十八種 8　無~（墾）

㣇部

1137 重 豪 1

爲吏 27 伍　將軍以堙~（壕）

豚部

1138 豚 2

日甲 157 背　肥~清酒美白粱

豸部

1139	1140	1141	1142	1143	1144	1145
豸	豹	貙	豺	豻	貉	貍

2	2	1	1	1	2	12
 日甲49背叁 鳥獸虫～甚眾  日甲62背壹 殺虫～	 雜抄26 ～旞  日甲71背 多虎豻貙～申	 日甲71背 多虎豻～豹申	 日甲77背 名責環貉～干都寅	 日甲71背 多虎～貙豹申	 答問195 可謂=人=～=	 日乙61 葬～（埋）祠  答問28 ～（埋）其具

1146
⿰豸今

3

日甲 13背
敢告璽～〈貌〉踦

舄部

1147重
兕

1

日甲 157背
夫=先敖～席

易部

1148
易

7

效律 44
物之不能相～者

語書 11
輕惡言而～病人

日乙 106壹
以結者～擇

象部

1149
象

1

爲吏 17叁
犀角～齒

第十　馬部——心部

馬部

1150 馬 （66）
- 效律 55　司～令史掾苑計=
- 效律 55　司～令史坐之
- 雜抄 10　～殿
- 答問 209　人户～牛
- 十八種 18　其乘服公～牛
- 十八種 11　乘～服牛稟

1151 駒 （1）
- 日乙 42 壹　駕～☐

1152 騅 （1）
- 封診式 21　～牝右剽

1153 驕 （3）
- 日甲 102 正貳　害於～母
- 爲吏 25 肆　上亦毋～

1154 駕 （16）
- 答問 38　即端盜～（加）十錢
- 答問 46　爲告盜～（加）臧
- 答問 1　可謂～（加）辠

（續）

雜抄 3
～騶除四歲

日乙 42 壹
～駒☐

十八種 47
～縣馬勞

1155 駟

3

日乙 194
西北鄉擇髮而～（四）

十八種 134
女子～（四）

1156 篤

1

雜抄 29
膚吏乘馬～

1157 重 毆

3

日甲 157 背
～（驅）其央

1158 騷

1

答問 179
當者侯不治～=馬=

1159 騶

2

雜抄 3
駕～除四歲

爲吏 6 肆
安～而步

1160 騰

4

封診式 14
遣識者當～=皆爲報

語書 4
故～爲是而脩灋律令

1161 駃

1

雜抄 27
課～騠

1162 騠

1

雜抄 27　課駃～

廌部

1163 薦

3

十八種 10　禾芻稾薦木～

十八種 10　復以～蓋

1164 瀳

40

雜抄 4　～（廢）弗行

效律 35　同～

十八種 153　～耐署其後

鹿部

1165 麋

3

答問 81　縛而盡拔其須～（眉）

封診式 53　丙毋～（眉）

1166 麃

1

語書 12　誈訑醜言～（僄）斫

1167 麗

6

日乙 198　正西夬～

日乙 199　正北夬～

日甲 25 背壹　民毋～（罹）兇央

龜部

1168

龜

1

答問 12

~（纔）到

兔部

1169

兔

2

日甲 72 背

卯~也

犬部

1170

犬

20

答問 189

皆主王~者

日甲 27 背貳

以~矢爲完

日乙 74 壹

~日

十八種 6

百姓~入禁苑中

十八種 6

毋敢將~以之田

日甲 23 背伍

宜~

1171

狗

3

日乙 164

~肉從東方來

日乙 176

室鬼欲~（拘）

日甲 48 背壹

是神~僞=鬼

1172 狡

2

答問189　宮~士

1173 狀

12

十八種87—88　以書時謁其~內史

封診式83　亡~

答問162　履=之~

日甲36背貳　~神

1174 犯

14

爲吏16壹　敬上勿~

語書5　~灋

答問144　以小~令論

日乙142　凡行者毋~其大忌

十八種191　~令者有辠

雜抄26　虎欲~

1175 犺

3

日甲55正壹　角~（亢）大吉

日甲52正壹　角~（亢）大凶

1176 戾

2

爲吏3伍　~真

1177 獨

13

爲吏3叁　老弱~轉

爲吏8伍　下雖善欲~可急

十八種25　後入者~負之

	1178	1179	1180	1181	1182	1183	1184
	獵	臭	獲	獻	狂	類	猶

	1	2	4	5	2	6	2
 日甲 58 背壹 寒風入人室～也	 雜抄 26—27 公車司馬～律	 日甲 82 正壹 女子愛而口～	 日乙 19 壹 罔邋～	 雜抄 18—19 縣工新～	 日甲 47 背貳 女子不～癡	 封診式 88 ～人	 猶 答問 115 且未斷～聽毆
 十八種 123—124 毋～令匠			 日甲 118 正叁 ～門	 十八種 64 ～封丞令		 封診式 76 其所以埱者～旁鑿	
 語書 9 以一曹事不足～治						 封診式 57 皆臽中～斧	

猷　語書12　而上～智之毆

1185 狼　（1）

日甲33背叁　～恒謼人門曰

1186 玃　（1）

日甲73背　多～不圖射亥戌

犾部

1187 獄　（16）

答問107　未～而死若已葬

爲吏44叁　央～不正

答問35　～鞫

鼠部

1188 鼠　（28）

答問140　內=史=材～（予）購

日乙64　～（予）人

日乙59　可取不可～（予）

十八種73　七人以上～（予）

十八種42　勿～（予）

爲吏19伍　勿～（予）田宇

1189

鼷

2

答問 152
~穴三當一鼠穴

日甲 69 背
多鼠~孔午郢

能部

1190

能

44

效律 4
及物之不~相易者

雜抄 3
不~駕御

爲吏 18 壹
審智民~

答問 150
禾稼~出

日甲 158 背
鼻~糗鄉

十八種 138
[不]~自衣食者

火部

1191

火

48

爲吏 25 叁
水~盜賊

日甲 42 背叁
以人~鄉之

答問 159
旞~燔其舍

答問 159
旞~燔其叚乘車馬

日甲 35 背叁
是壄~僞=虫

十八種 196
閉門輒靡其旁~

日乙 252
亥失~

日乙 250
庚失~

1192 然

23

- 日乙22壹　利以小～〈祭〉
- 答問38　雖～
- 效律29　如入禾～
- 日甲35背壹　令人色柏～毋氣
- 十八種138　令居其衣如律～
- 封診式66　其口鼻氣出渭～

1193 燔

16

- 答問159　旞火～其舍
- 十八種88　乃～之
- 日甲1背　蓋屋～
- 日甲51背叁　～豕矢焉

1194 烰

2

- 日甲50背壹—51背壹　取牡棘～（炮）室中

1195 灰

7

- 日甲62背壹　漬以～
- 十八種4　毋敢夜草爲～
- 日甲65背貳　爲～室而牢之

1196 尉

12

- 雜抄2　～貲二甲
- 雜抄39　～及士吏行戍不以律
- 效律54　及～官吏節有劾
- 十八種159　除吏～已除之

炎部

1197 焚

1

日甲 41 背叁—42 背叁
到雷～人

1198 票

4

日甲 64 背貳
有大～（飄）風害人

日甲 57 背叁
～（飄）風入人宫

1199 重 焦

1

日甲 54 正叁—55 正叁
異者～寠

1200 光

9

日乙 200
正南續～

日乙 197
西北續～

日乙 198
北續～

日乙 24 壹
成決～之日

日甲 32 正
是胃重～

日甲 119 正貳
則～門

1201 熱

2

日甲 66 背壹
～（爇）以寺之

日乙 20 壹
～☐

1202 烕

1

日甲 146 背
入〓室〓必～（滅）

1203
炎

3

答問 179
是以～之

答問 179
～之可

黑部

1204
黑

16

日乙 180
～肉從東方來

日乙 157—158
～肉從北方來

日甲 69 背
手～色

1205
黨

2

封診式 69
終〓所～（倘）有通迹

1206
黥

25

答問 31
當黥～

答問 5
當城旦～之

答問 120
當～劓

囱部

1207
悤

1

日甲 158 背
令耳～（聰）目明

炙部

1208
炙

1

日甲21背肆—22背肆
日出～其韓

赤部

1209
赤

23

日乙170
把者～色

日乙176
～肉從北方來

十八種135
皆～其衣

大部

1210
大

186

十八種20
～（太）倉課都官

十八種17
其～廄

十八種148
爲～車折

日乙177
辰～翏

答問78
今毆高～父母

十八種11
稟～田而毋恒籍者

日乙14
不可以作～事

語書7
此皆～辠

答問78
毆～父母

1211
奎
奎
13

日甲6背壹
以～夫愛妻

日乙82壹
～祠及行

日乙97肆
九月～十三日

1212
夾
夾
1

日甲151正貳
～頸者貴

1213
奄
奄
1

十八種181
宦～（閹）如不更

1214
夸
夸
1

爲吏14貳
一曰～以泄

1215
契
契
1

日甲35背壹
～（潔）清

1216
夷
夷
3

日甲65正壹
夏～九月中夕

亦部

1217
亦
亦
29

日乙160
巫～爲姓

語書6
爲人臣～不忠

十八種1
～輒言雨少多

爲吏34伍
身～毋

答問12
乙～往盜丙

矢部

1218 奊

2

日甲8背貳
十四日～（謑）詢

夭部

1219 夭

2

日甲32背叁
是～鬼

日甲59背壹
是～（妖）

1220 幸

1

十八種8
不～死而伐綰享者

1221 奔

4

答問132
已～

雜抄9
～摯不如令

爲吏28伍
魏～命律

交部

1222

交

7

日乙 4
【建】～

日甲 7 背貳
～徙人也可

答問 74
～論

壺部

1223

壺

2

十八種 47
有益～〈壹〉禾之

壹部

1224

壹

2

日甲 59 背叁
不出～歲

日甲 111 背
禹步三勉～步

幸部

1225

執

16

日甲 67 背貳—68 背貳
遽鬼～人以自伐也

日乙 200
南～辱

封診式 51
與牢隸臣某～丙

答問 102
亟～勿失

日甲 62 背貳
凡鬼恒～匴以入人室

日乙 198
西北～辱

1226 報

6

封診式49 灋丘已傳爲～

封診式7 當騰〓皆爲～

十八種184 以輒相～殹

亢部

1227 亢

3

日乙97壹 ～祠爲門行

日乙129 丁丑在～

夲部

1228 奉

1

日甲60背貳—61背貳 乃蒿～（蕡）屨以紙

1229 奏

1

語書13 曹～

1230 皋

2

日甲13背 ～敢告壐豹琦

亣部

1231
耎

1

封診式 57 相～（濡）

夫部

1232
夫

150

日乙 259 盜丈～

雜抄 21 貲嗇～二甲而灋

語書 1 道嗇～

答問 56 盜封嗇～可論

答問 61 嗇～不以官爲事

十八種 14 誶田嗇～

立部

1233
立

12

雜抄 4 不辟席～

爲吏 6 伍 禄～（位）

答問 161 擅有鬼～（位）

日甲 38 背壹 正～而貍

日甲 46 背叁 人行而鬼當道以～

日乙 236 貳—237 貳 利以臨官～政

1234
端

14

答問 36 吏智而～重若輕之

答問 45 即～告曰甲盜牛

語書 2 以矯～民心

1235 踦

2

日甲13背
走歸⿰豸今～之所

竝部

1236 竝

2

雜抄39
同居毋～行

十八種137
或欲籍人與～居之

思部

1237 思

2

日甲63背壹
～哀

爲吏49肆
～〓之【〓】

1238 慮

2

爲吏43壹
慎前～後

心部

1239 心

49

爲吏37肆
民～乃寧

答問51
譽適以恐眾～者

答問52
廣眾～

（承上）

日乙 100 貳
入六月旬～

語書 5
私好鄉俗之～不變

1240
息

4

爲吏 27 叁
～子多少

十八種 63
豬雞之～子不用者

日甲 36 背貳
一室人皆毋氣以～

1241
志

8

爲吏 48 貳
～勢官治

日乙 135
有死亡之～致

日甲 23 背貳
君子不得～

1242
意

4

日乙 83 壹
生子亡者人～之

封診式 82
毋～毆

1243
應

4

⿸疒⿱雁心 答問 38
～律

日甲 35 背叁
以人火～之

1244
愼

6

爲吏 5 伍
～度量

爲吏 3 壹
～謹堅固

十八種 196
～守唯敬

爲吏 50 肆
～之

1245
忠

5

爲吏 12 壹
寬俗～信

爲吏 39 貳
爲人臣則～

語書 6
則爲人臣亦不～

1246 愨

1

𢽳 語書 9
有廉絜敦～（愨）

1247 憲

1

十八種 193
史及禁苑～盜

1248 慧

1

日甲 82 背
辛名曰秦桃乙忌～

1249 恢

1

編年記 25 貳
～生

1250 慶

3

日乙 60
先辱後～

1251 懷

4

封診式 84
甲～子六月矣

日甲 111 背—112 背
中央土而～之

1252 懼

1

爲吏 7 肆
毋使民～

1253 急

10

爲吏 7 伍
邦之～

日乙 139
有～行

十八種 54
不～

編號	字	篆	數	字形及辭例
1254	愚		1	 爲吏 32 壹 智能～
1255	悍		7	 封診式 38 誠～  日乙 100 壹 取妻=～  答問 79 妻～夫毆治之
1256	怪		3	 日甲 82 背 己名曰宜食成～目  答問 69 ～物
1257	忘		4	 爲吏 5 伍 來者有稽莫敢～  爲吏 23 貳 安家室～官府
1258	惑		1	 日甲 32 背壹 人毋故而鬼～之
1259	忌		37	 日乙 110 室～  日乙 142 行～  日乙 188 貳 圂～日  日乙 196 壹 穿户～毋以丑穿門户  日甲 151 背 五穜～  日甲 150 背 田～
1260	忿		1	 爲吏 11 壹 毋以～怒夬

字號	字頭	字數	出處	辭例
1261	怨	2	爲吏 13 壹	和平毋～
1262	怒	3	爲吏 42 肆	不時～
			爲吏 11 壹	毋以忿～夬
1263	惡	25	日乙 194	某有～夢
			爲吏 4 貳	毋～貧
			語書 1	其所利及好～不同
			十八種 65	美～雜之
			日甲 13 背	有～瞢
1264	悔	3	爲吏 41 壹	毋行可～
			爲吏 14 壹	～過勿重
1265	悲	1	日甲 67 背壹	人毋故而心～也
1266	恙	8	語書 11	因～（佯）瞋目
			日乙 250	去不～（祥）也
			日甲 59 背叁	家必有～
1267	㥑	1	日甲 81 背	徐可不詠亡～（憂）

1268 恐		1269 重 悐	1270 忍	1271 ⿱用心	1272 ⿱宀⿱叉心	1273 ⿱高心
9		1	2	1	1	1
爲吏2伍 不敢徒語～見惡；答問51 譽適以～衆心者；封診式1 有～爲敗	日甲28正貳 七日八日吉九日～	爲吏37貳 術～（惕）之心	爲吏36壹 仁能～	日甲79背 名馬童龏～辰戌	日乙2 ～結	日甲36背壹 以～（敵）其心

第十一　水部——非部

水部

1274
水

30

爲吏25叁
～火盜賊

答問121
生定殺～中

效律46
飲～＝

日乙192壹
木～得

日乙100壹
可以～

日乙87貳
～＝勝火

十八種4
材木山林及雍隄～

1275
河

1

十八種7
～（呵）禁所殺犬

1276
江

1

語書8
別書～陵布

1277
涂

1

爲吏33叁
扇屋～墍

1278 渭

4

封診式66
口鼻氣出～（喟）然

封診式70
口鼻～（喟）然不毆

1279 深

5

十八種11
勿～（甚）致

雜抄15
敢～（甚）益其勞歲

答問88
～半寸可論

1280 溉

1

爲吏5伍—6伍
賢鄙～（既）辥

1281 治

48

雜抄6
～（笞）之

語書12
視～

爲吏3肆
寬以～之

爲吏4肆
有嚴不～

十八種14
～（笞）主者

日乙107壹
生子老爲人～也

答問132
當～（笞）五十

日甲148背
神以～室

1282 波

1

日甲142背
～（破）地

1283 浮

1

日甲81背
曰～妾榮辨僕上

1284 清

4

日乙 233 壹
～旦

日甲 35 背壹
喜契～

日甲 157 背
肥豚～酒美白粱

1285 淫

3

語書 3
鄉俗～失之民

1286 沙

2

日甲 45 背壹
以～（砂）人

1287 瀆

4

日甲 62 背壹
～以灰

日甲 50 背貳
以灰～之

1288 溝

1

爲吏 16 叁
～渠水道

1289 渠

1

爲吏 16 叁
溝～水道

1290 決

4

雜抄 6
～革二甲

日乙 24 壹
成～光之日

日乙 12
成～

1291 注

1

日甲 31 背叁
～白湯

編號	字頭	數量	字例
1292	⿰氵芺	2	**沃** 日甲32背叁 以水～之；日甲59背貳 ～之
1293	津	1	爲吏14叁 千佰～橋
1294	渡	1	日甲83背壹 其咎在～衖
1295	泛	1	雜抄25 虎未越～蘚
1296	没	2	十八種103 ～入公
1297	潦	1	十八種2 水～
1298	汙	3	封診式66 ～兩卻
1299	湯	1	日甲31背叁 注白～

1300	1301	1302	1303	1304	1305	1306	1307
潃	沐	浴	淳	渫	瀸	減	池

1	1	3	2	1	7	11	5
 日甲 26 背貳 入人醯醬～	 日甲 104 正貳 毋以卯～浴	 爲吏 40 叁 變民習～（俗）	 日甲 38 背壹—39 背壹 其上旱則～	 日甲 122 正貳 其主必富三～（世）	 十八種 122 爲恒事及～有爲毄	 效律 60 ～皋一等	 爲吏 34 叁 苑囿園～
		 日甲 104 正貳 沐～			 十八種 121 必～	 日甲 139 背 其家日～	 日甲 15 背叁 爲～正北
					 十八種 122 勿～	 十八種 44 以～其稟	 日甲 14 背叁 爲～西南

1308
汧

1

效律 45
鬃～相易

1309
澍

2

十八種 1
輒以書言～〈澍〉稼

1310
瀝

1

爲吏 33 叁
漏屋涂～（塈）

1311
瀆

4

爲吏 32 叁
稾靳～（瀆）

日甲 16 背叁
水～（竇）西出

林部

1312 重
流

1

封診式 29
～行毋所主舍

巛部

1313
粼

3

雜抄 10
乃～（遴）從軍者

十八種 61
以人丁～者二人贖

十八種 61
以丁～者一人贖

川部

1314
州

1

答問100
可謂～=告=

灥部

1315 重
原

2

爲吏28壹
～壄如廷

谷部

1316
谷

2

日乙189壹
人水中及～

日甲23背壹
宇中有～

仌部

1317
冬

37

日甲136背
～之癸亥

十八種90
後計～衣來年

日乙227貳
～三月

日甲134背
～三月戊寅己丑

十八種94—95
春～人五十五錢

日乙177
～之吉

雨部

1318
雨

31

日乙119
～陰

日乙56
正月以朔多～

十八種115
水～

十八種1
亦輒言～少多

日甲39正
多～

1319
震

1

日甲7背壹
天以～高山

1320
屚

6

效律37
入禾及發～（漏）倉

效律22
倉～（漏）朽禾粟

十八種164
倉～（漏）朽禾粟

爲吏33叁
～（漏）屋涂墍

十八種175—176
入禾發～（漏）倉

雲部

1321 雲

1

日甲 44 背
～氣襲人之宮

1322 重 云

8

封診式 40
所坐論～可〓辠赦

答問 20
～與同辠

答問 20
～反其辠

魚部

1323 魚

8

日乙 185
得於肥肉鮮～卵

日乙 178
鮮～從西方來

日乙 59
可～（漁）邋

日甲 82 背
庚名曰甲郢相衛～

十八種 5
毒～鱉

1324 鮮

4

日乙 178
～魚從西方來

日乙 174
～魚從西方來

日甲 74 正貳
～卵白色

鱻部

1325 重

漁

1

日甲 138 正捌
利以～邋

龍部

1326

龍

13

日乙 65
五穀～日

日乙 34 貳
～丙寅庚寅

日乙 39 貳
～辛☐〼

日乙 32 貳
～壬辰申

飛部

1327 重

翼

10

日甲 56 正壹
張～大吉

日甲 6 背貳
凡參～軫以出女

日乙 94 壹
～利行

日甲 58 正壹
張～少吉

日甲 53 正壹
畢張～大凶

非部

1328
非

29

雜抄 18
～歲紅及毋命書

十八種 17
其～疾死者

答問 44
～盜牛

1329
靡

6

十八種 104
～（磨）

十八種 105
還其未～（磨）

十八種 86
～（磨）蚩

第十二　乙部——系部

乙部

1330

孔

1

日甲69背
多鼠鼷～午郢

1331

乳

1

日甲29背叁
是哀～之鬼

不部

1332

不

789

效律19
節官嗇夫免而效～備

效律1正
其有贏～備

語書1
～便於民

日乙250
去～恙

爲吏44壹
君子～病

爲吏24貳
～＝察＝所＝親＝

日甲127背
～可入寄者及臣妾

雜抄1
上造以上～從令

日甲128背
～可以船行

日甲 128 背
～可以船行

答問 12
～謀

爲吏 35 伍—36 伍
～踐以貧人

至部

1333
至

9

爲吏 25 貳
怨數～

日乙 135
命之央蚤～

爲吏 12 貳
五者畢～

雜抄 32
～老時不用請

十八種 175
～計而上廥籍内史

日甲 129 正
小大必～

1334
到

59

雜抄 10
～軍課之

效律 13
以～二千二百錢

答問 12
毚～

日乙 103 壹
不～三年死

十八種 5
～七月而縱之

日乙 141
久宦者毋以甲寅～室

西部

1335
西

105

日乙 174
鮮魚從～方來

日甲 74 背
名～茝亥旦

日甲 57 背貳—58 背貳
及黃土而～（洒）之

日甲21背壹
～方下

日乙75貳—76貳
～北鄉者被刑

1336 重

棲

1

雜抄35—36
有～（遲）未到戰所

盬部

1337

盬

1

十八種182
～廿二分升二

戶部

1338

戶

40

效律29
各一～

爲吏9叁
門～關龠

十八種169
各一～

答問150
實官～扇不致

日乙40貳
乙～

日乙196壹
穿户忌毋以丑穿門～

日乙33貳
祠～日

雜抄33
～一盾

十八種22
各一～

爲吏21伍
魏～律

1339 扇

1

答問150
實官户～不致

1340 房

11

封診式75
診乙～〓内〓

封診式73
～内中

日甲49正壹
玄戈～

門部

1341 門

68

日甲143背
～

爲吏9叁
～户關龠

答問160
其邑邦～

日乙35貳
祠～日

日乙253
其～西北出

日甲143背
不可初穿～

十八種197
乃閉～户

十八種196
閉～輒靡其旁火

1342 閤

1

日乙88叁
天～

1343 闠 1
- 十八種 147 毋敢之市及留舍~外

1344 閬 1
- 語書 12 阬~强肮以視强

1345 開 15
- 日甲 16 正壹 ~寅
- 日甲 17 正壹 ~卯
- 日甲 22 正壹 ~申
- 日乙 134 恒以~臨下民而降央

1346 閒 26
- 爲吏 7 伍—8 伍 上毋~陸
- 語書 2 故後有~令下者
- 爲吏 17 壹 聽~（諫）勿塞
- 語書 4 爲~私方而下之
- 日甲 18 背肆 井當户牖~
- 十八種 126 不攻~車〓空失
- 日甲 71 背 臧於瓦器~

1347 闌 3
- 答問 48 未出徼~亡
- 答問 139 有秩吏捕~亡者

1348 閉

34

日乙157 朝啓夕～

日乙177 朝啓夕～

日甲71背 旦～夕啓西方

封診式73 ～其户

十八種196 ～門輒靡其旁火

1349 關

8

答問57 到～而得

爲吏9叁 門户～龠

答問140 盜出朱玉邦～

1350 閱

2

爲吏22叁 樓椑矢～（穴）

答問164 已～及

1351 ⿵門牛

13

日乙26壹 ～〈閉〉丑

日乙28壹 ～〈閉〉卯

日乙46壹 ～〈閉〉日

1352 ⿵門旅

2

爲吏23伍 叚門逆～（旅）

1353 ⿵門羔

2

答問27 可謂祠未～

耳部

1354 耳

17

日乙 255 疵而在～

答問 80 鬭夬人～

效律 43 器職～（佴）

爲吏 38 壹 審～目口

日甲 158 背 令～恖目明

1355 聖

5

爲吏 45 貳 爲人下則～

日乙 238 丙寅生武～

語書 1—2 是以～王作爲灋度

1356 聽

33

爲吏 18 肆 ～其有矢

雜抄 4 爲～命書

爲吏 15 伍 ～有方辯短長

十八種 159 及相～以遣之

答問 106 父死而誧告之勿～

1357 職

4

效律 43 器～（識）耳不當籍

效律 44 馬牛誤～（識）耳

爲吏 19 叁 久刻～（識）物

1358 聲

1

答問 52 廣眾心～聞左右者

1359 聞

9

日乙 175 南～言

日乙 169 西～言

答問 98 不～號寇

日乙 157
西～言兇

答問 52
聲～左右者

語書 8
以令丞～

1360
聶

1

爲吏 2 伍
肖人～（懾）心

1361
軀

1

答問 210
可謂羊〓～〓

手部

1362
手

8

日甲 69 背
～黑色

日甲 154 正貳
在～者巧盜

1363
指

8

爲吏 29 貳
民傷～

答問 149
容～若抉

答問 90
拳～傷人

答問 83
若耳若～若脣

封診式 88
股以下到足〓～類人

封診式 64
大如大～

1364
拳

1

答問 90
投梃～指傷人

1365 捧
篆文字數：2
日甲 40 正　是胃其羣不~

1366 捾
篆文字數：1
語書 11—12　扼~（腕）以視力

1367 抵
篆文字數：1
封診式 69　當獨~死所

1368 扶
篆文字數：1
答問 208　將長令二人~出之

1369 摯
篆文字數：15
雜抄 9　奔~（縶）不如令
日甲 17 正壹　~（執）戌
日甲 14 正壹　~（執）未

1370 操
篆文字數：7
十八種 62　女子~敀紅及服者
答問 130　亡=人~錢
爲吏 5 伍　~邦柄

1371 把
篆文字數：11
日乙 174　~者白色
日乙 158　~者黑色
日乙 178　~者白色
答問 131　~其叚以亡
答問 205　甲~其衣錢匿臧

1372 重	1373	1374	1375	1376	1377 重	1378	1379
扼	提	掾	擇	捽	抱	投	抉
1	2	2	8	1	1	16	11
語書 11—12 因恙瞋目～捾以視力	答問 82 大可如爲～	效律 55 司馬令史～苑	日乙 194 ～（釋）髮而駟	封診式 84 甲與丙相～	日甲 45 背叁 女鼠～子逐人	答問 53 見書而～者不得	答問 149 容指若～
		效律 52 令史～計者	十八種 68 毋敢～=行=錢=			日乙 146 多～福	答問 30 未啓亦爲～=
			雜抄 24 工～榦=			日甲 28 背叁 以白石～之	十八種 84 ～出其分

1380

舉

6

語書5—6
丞以下智而弗～論

日乙247
勿～

日甲8背貳
九日曰～

1381

撟

1

日甲60背貳
鼓～若虫及須醫

1382

揄

1

編年記10貳
八月喜～史

1383

擅

13

爲吏16貳
三曰～裚割

雜抄34
～下

答問71
而～殺之

十八種106
毋～＝

1384

失

40

語書3
鄉俗淫～（泆）之民

日乙249
寅～火

日乙252
亥～火

雜抄26
虎～（佚）

答問33
吏爲～刑辠

爲吏13貳
吏有五～

日乙251
酉～火

十八種196
～火

十八種115
～期三日到五日

答問 48 没錢五千而～之

1385 拓 1

日甲 46 背貳 取女筆以～之

1386 掇 2

爲吏 7 伍 ～（輟）民

日甲 63 背壹—64 背壹 完～其葉二七

1387 援 5

答問 101 偕旁人不～

日甲 67 正壹 七月爨月～夕

1388 拔 2

答問 81 縛而盡～其須麋

1389 播 1

封診式 77 直穴～壤

1390 捕 29

答問 10 其見智之而弗～

答問 53 能～者購臣妾二人

答問 138 甲～乙

十八種 6 不追獸及～獸者

封診式 22 而～來詣

雜抄 38 ～人相移以受爵者

1391	1392	1393	1394	1395		1396
挌	掖	⿰扌室	擘	⿰扌賣	𠦬部	脊
1	1	1	2	1		2
答問66 ~（格）殺	日甲153正貳 在~（腋）者愛	日甲45背壹 一升~（挃）其舂臼	答問90 ~（搢）以布	日乙259 其人~（黷）黑		日甲80背 長~

女部

1397 女

108

十八種 59
~子參

封診式 84
與同里大~子丙鬭

日乙 256
盜~子

答問 166
~子甲爲人妻

日甲 21 背壹
~子爲正

日乙 53
取妻嫁~

1398 姓

35

日乙 160
外鬼爲~（眚）

十八種 48
百~

日乙 166
巫爲~（眚）

日乙 170
鬼兄枼爲~（眚）

日乙 243
~楚

十八種 6
百~

1399 姚

1

爲吏 43 肆
民將~去

1400 嫁

5

日乙 57
~女

日乙 56
~女

日乙 53
~女

1401 妻

109

日乙 57
不可取~嫁女

日乙 248
女子爲邦君~

日乙 15
取~

妻（續）

答問 15 可以論～=

日乙 91 壹 取～

日乙 117 夫～必有死者

1402 婦 26

日乙 125 家女取～

日乙 117 以出母取～

爲吏 17 伍—18 伍 徹人～女

1403 母 39

日乙 180 ～桒見之爲姓

日乙 117 以出～〈女〉取婦

十八種 74 食其～日粟一斗

答問 78 比大父～

日乙 247 不利父～

1404 姑 1

雜抄 40 令～（嫴）堵一歲

1405 威 1

爲吏 12 伍 下恒行巧而～故移

1406 奴 14

答問 141 或捕告人～妾盜

日甲 160 正伍 夕見有～（怒）

十八種 134 人～妾居

1407 始 9

日乙 91 壹 ～寇

日甲 40 正 ～殺

日甲 68 背壹 以望之日=～出

日甲 151 背
~穜

1408
媚

5

日乙 246
~人

1409
好

22

日乙 246
~室家

日乙 241
~貨

日甲 32 背貳
~下樂入

1410
委

2

效律 49
上節發~輸

1411
如

69

效律 12
其貲誶~數者然

日乙 108
男子日~是

十八種 95
~春衣

雜抄 2
發弩嗇夫不~律

日甲 24 背壹
告~詰之

語書 12—13
故~此者不可不爲罰

1412
嬰

6

十八種 69
勿~

封診式 86
即診~兒男女

日甲 78 背
名多酉起~

1413
婁

9

日甲 6 背壹
冬三月奎~吉

日甲 6 背壹
以~妻愛夫

日乙 83 壹
~祠及百事

1414 奸

8

封診式95 乙丙相與～

答問65 人＝未蝕～而得

答問65 內～

1415 姡

2

日乙96壹 取妻＝～

毋部

1416 毋

272

爲吏6壹 安静～苛

日乙246 ～（無）終

語書5 ～巨於辠

十八種1 豤田暘～（無）稼者

答問52 ～（無）恒數

封診式1 ～治諒

民部

1417 民

47

爲吏4伍 ～心將移乃難親

答問157 者～弗智

爲吏18壹 審智～能

日乙60 入貨人～畜生

語書1 不便於～

丿部

1418 弗 105

效律 20 新吏～坐

日乙 116 百虫～居

十八種 189 過二月～置嗇夫

雜抄 4 灋～行

語書 6 若～智

答問 10 乙～覺

爲吏 24 伍 寡人～欲

日甲 152 背 其歲或～食

厂部

1419 弋 1

日甲 40 正 利～邋

乁部

1420 也 102

日乙 250 去不恙～

日乙 236 貳 甲子到乙亥是右～

日乙 77 可有求～

爲吏 18 伍
非邦之故～

日乙 40 壹
皆利日～

十八種 103
非其官之久～

日甲 110 背
是謂出亡歸死之日～

答問 195
其子入養主之謂～

氏部

1421
氏

2

編年記 25 壹
攻茲～

氐部

1422
氐

2

日乙 98 壹
～祠及行出入【貨】

戈部

1423
戈

13

日甲 47 正壹
玄～轂尾

日甲 58 正壹
玄～轂虛

日甲 55 正壹
玄～

1424 戩

1

戎 答問113 臣邦真～君長

1425 輚

2

效律45 殳～弩

1426 賊

22

答問134 問乙～殺人

答問76 欲～殺主

爲吏19肆 從而～（則）之

1427 戍

11

雜抄3 賞四歲繇～

十八種101 如從興～然

雜抄39 行～不以律

1428 戰

8

雜抄37 ～死事不出

雜抄36 告曰～圍以折亡

日甲34正 偝時以～

1429 戲

5

日甲32背壹 善～人

封診式32 今日見丙～旞

1430 或

46

語書1 ～不便於民

日乙49貳 歲～弗食

日乙113 若～死

答問8 ～曰貲二甲

爲吏23伍—24伍 ～衛民不作

日甲152背 其歲～弗食

1431

武

14

日乙245 庚戌生～

日乙238 不～乃工考

日乙241 穀於～

我部

1432

我

4

日甲29背叁 鼠～食

日甲76背 爲人～＝然好歌無

1433

義

3

爲吏11伍 申之～

十八種27 ～積之

日甲72背 垣～酉

乚部

1434

直

67

答問36 爲不～

日甲3背貳 ～詧＝以出女

日乙96貳 入二月九日～心

效律8 ～（值）百一十錢以

日乙97貳 入三月七日～心

爲吏2壹 必精絜正～

封診式32 ～以劍伐痍丁

日甲129正 句毋～赤啻臨日

亾部

1435 亾

118

- 雜抄4　~符
- 日乙256　丁~
- 十八種77　其人死~
- 雜抄22—23　未取省而~之
- 答問125　將司人而~
- 十八種135　其或~之
- 封診式17　去~以命
- 日甲3背壹　棄若~
- 日甲59背貳　勿見而~＝
- 日甲81背　舍徐可不詠~

1436 乍

2

- 日甲42正　是胃~陰乍陽

1437 無

5

- 日乙40壹　~不可有爲也
- 日甲76背　好歌~（舞）
- 十八種8　~豤不豤

1438重 无

2

- 爲吏43貳　~志

匸部

1439 匿

14

答問 157
爲～田

效律 34
有贏不備而～弗謁

語書 6
而養～邪避之民

1440 㔸

7

日甲 20 背肆
井居西北～

日甲 17 背肆
囷居宇東北～

1441 匽

1

日甲 81 背
戊名曰～爲勝殀

1442 匹

4

答問 158
有馬一～自牧之

雜抄 27—28
卒歲六～以下到一～

封診式 21
馬一～

匚部

1443 匠

2

十八種 123—124
毋獨令～

十八種 123
令司空與～度之

1444 匧

2

答問 204
命客吏曰～

1445

匵

1

日甲62背貳
凡鬼恒執～以入人室

曲部

1446

曲

2

日甲125正貳
～門

甾部

1447

畚

1

十八種64
千錢一～

瓦部

1448

瓦

5

日甲74背
臧於～器下

十八種148
城旦舂毀折～器

日甲71背
臧於～器閒

弓部

1449 弓

弓 1

- 日甲27背壹 以桃爲～

1450 張

張 17

- 日乙93壹 ～百事吉
- 雜抄8 輕車趀～引强
- 日甲104背 天所以～生時
- 日甲103背 天所以～生時
- 日甲102背 天所以～生時

1451 彊

彊 1

- 彊 爲吏37壹 ～良不得

1452 引

引 1

- 雜抄8 輕車趀張～强

1453 弩

弩 9

- 雜抄2 發～
- 日甲56背貳 人毋故而～（怒）也
- 效律45 殳戟～

1454 發

發 23

- 語書13 ～書
- 日乙45壹 它人必～之
- 雜抄2 ～弩嗇夫射不中
- 效律37 入禾及～屚倉
- 爲吏13伍 將～令

弦部

1455

弦

1

日甲 27 正貳
～望

系部

1456

孫

3

爲吏 21 伍
某叟之乃～

答問 185
内公～毋爵者當贖刑

日甲 100 正
筑外垣～子死

1457

繇

18

爲吏 4 叁
均～（徭）賞罰

答問 164
可謂逋事及乏～（徭）

十八種 117
勿計爲～（徭）

第十三 糸部——力部

糸部

編號	字頭	篆文	數量	字形與辭例
1458	繭	繭	1	 日甲13背—14背 非～乃絮
1459	繹	繹	2	 日甲53背壹 ～（繹）酈而投之
1460	經	經	2	 爲吏41肆 從政之～
1461	織	織	3	 答問162 以絲雜～履=  日甲3背壹 以取～女而不果
1462	紀	紀	2	 日乙23壹 蓋絶～之日  爲吏49貳 治之～毆
1463	紡	紡	2	 日甲65正叁 三月楚～月

1464
絶

7

日乙23壹
蓋～紀之日

封診式53
艮本～

日乙11
盍～

1465
續

6

日乙199
東南～光

爲吏6伍
禄立有～孰瞉上

日乙197
西北～光

1466
縱

5

答問63
～之

十八種5
到七月而～之

1467
細

2

日乙57
敫有～喪

1468
級

2

爲吏7伍
在醴～

十八種155
二～

1469
總

2

十八種54
不急勿～

十八種54
～冗以律稟食

1470
約

1

答問139
～分購

1471
纏

1

十八種131
以荓～書

1472 結

結（篆）

23

結 日乙50壹 巳~

結 日乙2 宻~

結 日乙106壹 以~者易擇

結 日甲78正壹 以~者易擇

結 答問84 斬人髮~（髻）

1473 縛

縛（篆）

8

縛 答問81 ~而盡拔其須麋

縛 封診式17 男子甲~詣男子丙

縛 答問81 ~而盡拔其須麋

1474 給

給（篆）

5

給 雜抄17 徒絡組廿~

給 十八種179 ~之韭葱

給 十八種35 以~客

1475 終

終（篆）

26

終 日甲1背 取妻不~

終 日乙239 有~

終 效律30 ~歲而爲出凡曰

終 日甲119背 ~身衣絲

終 日乙239 武有力毋~

終 日乙241 丙戌生有~

終 十八種171 ~歲而爲出凡曰

終 日乙243 辛丑生有~

終 封診式46 令~身毋得去署所

1476 繒

繒（篆）

1

繒 封診式82 繆~五尺緣及殿

1477	1478	1479	1480	1481 重	1482	1483	1484
縵	綰	緹	紅	綦	組	緣	繕
1	1	1	8	4	4	3	11
答問 162 以錦～（輓）履不爲	十八種 5 伐～（棺）享者	封診式 21 ～覆衣	十八種 89 ～器	封診式 78 外壤秦～履迹四所	雜抄 17 徒絡～廿給	封診式 83 繆～及殿	十八種 89 韋革紅器相補～
			十八種 62 女子操敃～及服者	爲吏 36 貳 ～〓之【〓】	雜抄 18 徒絡～五十給	封診式 82 繆繒五尺～及殿	十八種 86 不可～者
			雜抄 18 非歲～（功）		雜抄 20—21 徒絡～各廿給		雜抄 41 令戍者勉補～城

1485 緍

1

十八種 110
爲～繡它物

1486 絮

3

日乙 195 壹
不畺則～

封診式 82
絲～五斤葉

1487 絡

4

雜抄 18
徒～組五十給

雜抄 17
徒～組廿給

封診式 68
衣～禪襦帬各一

1488 紙

1

日甲 60 背貳—61 背貳
乃蒿莽屨以～（抵）

1489 緰

1

語書 10
～（偷）隨疾事

1490 絜

4

爲吏 2 壹
必精～（潔）正直

語書 10
不廉～（潔）

1491 繆

4

封診式 82
～繒五尺緣及殹

效律 56
計校相～（謬）殹

封診式 83
～緣及殹

1492 紤

3

十八種 5
邑之～（近）早

十八種 140
官＝相～（近）者

十八種 195
令人勿～（近）舍

1493 紋

1

十八種126　大車軲～（盭）

1494 結

5

封診式83　見乙有～復衣

封診式74　～衣不得

封診式73　自宵臧乙復～衣一

1495 [illegible]

1

日乙194　～（皋）

1496 [illegible]

1

日甲80背　疵在～〈要〉

素部

1497重 緩

1

爲吏43叁　～令急徵

絲部

1498 絲

7

答問11　甲盜錢以買～

答問162　以～雜織履＝

日甲119背　終身衣～

虫部

1499 虫

10

日甲 49 背叁 鳥獸~（蟲）彖甚眾

日乙 116 百~（蟲）弗居

日甲 39 背貳 是會~（蟲）居其室

日甲 35 背叁 眾~（蟲）襲入人室

日乙 115 百~（蟲）弗居

1500 雖

18

爲吏 22 肆 ~有高山

十八種 163 ~弗效

答問 159 ~有公器

答問 38 ~然

效律 21 ~弗效

爲吏 8 伍 下~善欲獨可急

1501 强

15

雜抄 8 輕車趆張引~

語書 12 以視~

答問 75 臣~與主奸

十八種 31 其故吏弗欲勿~

日乙 195 壹 宛奇~飲食

1502 蜀

2

封診式 46 署~邊縣

1503	1504	1505	1506	1507		1508	1509 重
龔	蚩	蝕	蚤	蠢		蚰	蚤

2	2	1	1	1	蚰部	2	2
 日甲50背壹 幼~（龍）處之	 十八種104 靡~（徹）  十八種86 靡~（徹）之	 答問65 人=未~奸 而得	 十八種2 ~（螽）蚰	 日甲47背叁 燔~（鬢）及六畜		 十八種2 蚤~	 日乙135 央~（早）至

1510
蠹

1

效律 42
有～突者

蟲部

1511
蟲

3

答問 179
騷=馬=～

日甲 74 背
巳～也

風部

1512
風

11

日乙 119
興在外～

日乙 107 壹
～雨

效律 42
數穋～之

日甲 64 背貳
票～

日甲 57 背叁
票～

日甲 58 背壹
寒～

它部

1513
它

79

十八種 174
羣～物當負賞

十八種 76
居～縣

十八種 55
～事而勞與垣等者

1514 重

蛇

1

日乙137 ～曰唯有不吉之名

答問23—24 以布及其～所買畀甲

雜抄41 署勿令爲～事

答問204 ～邦耐吏

效律46 工稟鬃～縣

日甲74背 ～目黃色

黽部

1515

鼈

1

十八種4—5 毋□毒魚～

1516

鼂

1

爲吏20貳 二曰不安其～（朝）

卵部

1517

卵

2

日乙185 得於肥肉鮮魚～

1518 ⿱䜌卵

1

十八種 4　麛～（卵）鷇

二部

1519 二

二

273

效律 38　櫟陽～萬石一積

答問 8　貲～甲

答問 15　夫盜～百錢

十八種 155　～級

十八種 182　鹽廿二分升～

編年記 45 壹　十～月甲午雞鳴時

編年記 32 壹　卅～年

日甲 124 背　～旬二日刺

編年記 29 貳　廿～年

1520 亟

11

十八種 16　其入之其弗～

十八種 106　弗～收者

日乙 59　～出

1521 恆

33

十八種 84　～作官府

爲吏 12 伍　～行

十八種 11　～籍

日甲 47 背壹　～夜

日甲 33 背叁　～諄人門

日乙 134　～以開臨下民

1522

凡

56

- 答問 52　~數
- 日甲 67 背貳　~夜譕
- 爲吏 3 伍　~戾人
- 爲吏 1 伍　~治事
- 效律 30　終歲而爲出~曰
- 語書 2　~灋律令者
- 日乙 247　~己巳生
- 日甲 129 背　~有土事必果
- 十八種 171　終歲而爲出~曰
- 日甲 6 背壹　~娶妻

土部

1523

土

41

- 日乙 145　合三~皇
- 日甲 129 背　凡有~事必果
- 十八種 56　不操~攻
- 十八種 119　其~惡不能雨
- 日甲 92 背貳　中央~
- 日乙 184　人黃色死~曰
- 日乙 40 貳　戊己內中~
- 日甲 106 正　不可興~攻
- 日甲 29 背壹　取故丘之~

1524 地 17

爲吏36肆 ~脩城固

封診式59 ~堅

日甲131背 當其~不可起土攻

日甲134背 是胃~衝

日乙106叁 投符~

1525 均 5

爲吏4叁 ~繇賞罰

答問187 可謂宮~（徇）人

十八種113 ~

1526 壞 2

封診式78 外~秦綦履迹四所

1527 垣 46

日甲137背 不可~

答問186 ~爲完不爲

日乙92壹 利以~

十八種55 ~等者

日乙195貳 毀~

封診式79 ~北

1528 堵 7

雜抄40 令姑~一歲

十八種116 君子主~者有辠

十八種118 過三~以上

1529 壁 2

日乙259 其北~臣

1530 堪

堪

4

- 日乙184 戊己有疾巫～
- 封診式67 ～上可道終索

1531 堂

堂

6

- 封診式75 内後有小～
- 封診式79 垣北去小～北脣丈
- 封診式76 穴下齊小～

1532 在

在

78

- 十八種186 都官～其縣者
- 十八種93 ～咸陽者
- 雜抄4 游士～
- 日甲69背 疵～耳
- 日乙119 興～外
- 爲吏7伍 ～體級

1533 堊

堊

55

- 效律20 新吏弗～
- 效律19—20 代者與居吏～之
- 十八種80 都官～效
- 日甲121背 以～而飲酉
- 答問12 各～臧

1534 堤

堤

2

- 十八種23 當～（題）

1535 封

封

32

- 效律28 ～印之
- 答問56 盜～
- 十八種22 自～印

1536
壐

7

日甲25背貳
～（爾）

答問146
亡久書符券公～

日乙194
敢告～（爾）宛奇

日乙195壹
不～（繭）則絜

爲吏32伍—33伍
符～也

爲吏33伍—34伍
～而不發

1537
墨

1

日甲155背
～（晦）日

1538
城

87

雜抄5
～旦

日甲40正
韋～

答問6
～旦

十八種51
～旦

日乙43壹
可以攻軍入～及行

爲吏8叁
～郭官府

1539
增

9

十八種35
勿～積

十八種28
～積及效如禾

雜抄41
乃令～塞埤塞

1540
埤

1

雜抄41
乃令增塞～塞

1541
塞

3

爲吏17壹
聽閒勿～

雜抄41
乃令增～

堇部

1542 埱

2

答問 28　可謂盜～庢

1543 垔

1

堙 爲吏 27 伍　將軍以～豪

1544 重 毀

21

十八種 148　城旦舂～折瓦器

日乙 196 貳　有～

日乙 195 貳　入月旬七日～垣

日甲 139 背　以～垣

1545 壞

17

雜抄 40　所城有～者

十八種 116　未卒堵～

日乙 41 貳　凡～垣卯在房

封診式 53　鼻腔～

日乙 112　不～折

日甲 143 背　～垣

1546 ⿰土予

2

日甲 100 正　筑右～（序）

日甲 100 正　筑左～（序）

1547

堇

2

日甲72正貳
~酉

里部

1548

里

61

語書13—14
志千~使有籍書之

日甲20背陸
入~門之右

封診式50
某~士五甲

封診式50
同~士五丙不孝

十八種14
~課之

答問198
當~典

1549重

壄

15

日甲144正叁
好田~邑屋

爲吏28壹
原~如廷

日乙178
~立爲☐

答問101
百步中比~

 日甲32正
利~戰

田部

1550 田

46

十八種38 利～疇

爲吏6叁 根～人邑

語書4 脩灋律令～令

日乙251 ～宇多

十八種3 ～律

答問157 部佐匿者民～

1551 疇

1

十八種38 利田～

1552 畸

1

爲吏11伍 以毄～

1553 重 畝

3

十八種38 禾麥～一斗

1554 甸

1

答問190 可謂～〓人〓

1555 畍

1

答問186 越里中之與它里～者

1556 當

226

答問 113
有辠～贖者

答問 113
爵～上造以上

雜抄 11
不～稟軍中而稟者

十八種 109
冗隸妾二人～工一人

答問 3
問辠～駕

效律 43
器職耳不～籍者

1557 畱

2

爲吏 39 叄
苛難～民

1558 畜

31

爲吏 35 叄
～產肥胔

日乙 62
出入人民～生

答問 108
～產及盜之

十八種 84
牧將公～生而殺

十八種 77
～生者

1559 暘

1

十八種 1
狠田～毋稼者頃數

黃部

1560 黃

13

效律 7
～金衡羸不正

十八種 34
計禾別～白青

日乙 184
人～色死土日

男部

1561

男

55

日乙 247 ～子爲人臣

答問 167 ～子

日甲 32 背貳 ～女入宫者

答問 80 裂～若女耳

封診式 59 以履＝～子

日乙 108 ～子日

十八種 110 ～子一人

十八種 59 食～子旦半夕參

封診式 17 ～子

力部

1562

力

6

爲吏 19 壹 善度民～

日乙 242 武有～

日乙 239 武有～

日甲 146 正陸 有～

1563

助

1

爲吏 9 伍 非以官禄夬～治

1564 務

4

爲吏 10 肆　當～而治

十八種 136　作～及賈而負責者

爲吏 29 叁　作～員程

1565 勉

5

雜抄 41　～補繕城

日甲 159 背　～飲

日甲 111 背　～壹步

日乙 146　～飲食

1566 勝

23

雜抄 9　不～任

日乙 237 貳　是胃貴～賤

爲吏 10 壹　毋復期～

日乙 80 貳　土〓～水

十八種 125　皆不～任而折

1567 勶

18

[illegible] 十八種 10　芻稾～（徹）木薦

封診式 74　～（徹）内中

爲吏 48 貳　志～（徹）官治

1568 勞

12

爲吏 12 肆　～有成既

雜抄 30　馬～課殿

十八種 130　不～（佻）稱議脂之

十八種 146　免城旦～三歲以上者

雜抄 16　中～律

1569
勢

1

爲吏5叁
~（傲）悍寇暴

1570 重
恿

4

日乙245
壬子生~（勇）

日乙246
庚申生~（勇）

爲吏34壹
~（勇）能屈

1571
飭

1

雜抄28
毋敢炊~

1572
劾

4

效律55
有~

效律55
如令史坐官計~然

語書7
舉~不從令者

1573
募

1

雜抄35
冗~歸

1574
勶

1

日甲159背
~（脊）爲身剛

第十四　金部——亥部

金部

1575 金

33

日乙 83 貳　丑巳～＝

日乙 190 壹　木～得

十八種 65　～布

效律 7　黄～衡羸不正

答問 32　公～錢私貣用之

日甲 90 背叁　西方～

十八種 89　～布

1576 鋈

7

答問 113　可謂贖鬼薪～足

答問 110　耐以爲鬼薪而～足

答問 115　失～足

1577 銅

1

十八種 86　其金及鐵器入以爲～

1578 鐵

7

日甲 40 背貳　以～椎椯之

雜抄 23　左采～課殿

十八種 86　其金及～器

1579 錯 𨪐 1

日甲75背 名徼達禄得獲～

1580 鉥 鉥 2

答問86 鬭以箴～錐

1581 鈹 鈹 1

答問85 ～戟矛有室者

1582 鑿 鑿 6

日乙17 ～宇

日甲103正貳 毋以寅祭祀～井

日甲4正貳 ～井

1583 錢 錢 112

效律15 過二千二百～以上

效律8 直百一十～

日乙195壹 不～則布

效律15 直過千一百～

答問52 將軍材以～若金賞

效律15 以到二千二百～

1584 錐 錐 2

答問86 若箴鉥～傷人

答問86 鬭以箴鉥～

1585 錘 錘 1

十八種130 用膠一兩脂二～

1586
釣

1

效律 6
～不正

1587
鐸

1

日甲 33 背貳
～枲之

1588
鐘

1

十八種 125
及載縣～虡

几部

1589 重
虡

15

日甲 50 背壹
幼蠪～之

爲吏 47 叁
～如資

答問 122
當署𤻲所～之

且部

1590
且

30

爲吏 12 叁
事不～須

日乙 135
凡～有爲

日乙 221 壹
～晉之

日乙 191 貳
～有二喪

答問 115
～未斷猶聽殹

答問 4
乙～往盜

1591 組

1

答問 30
~未啓亦爲抉=

答問 27
~鬼

斤部

1592 斤

6

十八種 91
用枲三~

效律 6
~不正

十八種 91
用枲十四~

封診式 82
絲絮五~蘩

1593 斧

1

封診式 57
皆臽中類~

1594 斫

1

語書 12
誈訌醜言麃~以視險

1595 斵

58

日乙 85 壹
喜~（鬬）

日乙 199
北~（鬬）

答問 66
且~=（鬬鬬）殺=

日乙198
西南～（鬭）

1596 所
112

爲吏24貳
不〓察〓～〓親〓

爲吏26貳
不〓智〓～〓使〓

語書1
～利及好惡不同

效律17
各坐其～主

答問15
妻～匿百一十

日乙121
入之～寄之

十八種7
河禁～殺犬

十八種57
後九月稟～

日甲104背
天～以張生時

1597 斷
16

爲吏29壹
～割不刖

答問208
支或未～

答問122
未～

1598 新
29

效律18
～嗇夫自效毆

十八種172
～佐史主廥者

雜抄35
軍～論攻城〓

斗部

1599 斗
46

效律5
～不正

十八種43
麱三～

十八種180
少半～

字頭	字形	出處	釋文
		效律 46	水=減二百～以上
		日甲 5 背貳	中冬竹～
		日乙 100 叁	十二月～廿一日
		日乙 103 壹	～利祠及行賈=市
1600 料	4	效律 11	縣～而不備者
		效律 12	縣～
		十八種 194	有實官縣～者
1601 升	15	效律 5	半～以上
		十八種 100	爲正衡石贏斗用～
		效律 7	～不正
		日甲 45 背壹	以沙人一～挃其舂臼
		十八種 181	醬半～

矛部

字頭	字形	出處	釋文
1602 矛	1	答問 85	鈹戟～有室者

車部

編號	字頭	篆文	次數	辭例
1603	車	車	41	雜抄25 射虎～二乘爲曹；爲吏30肆 道傷～利；日乙95壹 乘～；日乙25壹 利以乘～；十八種73 ～牛一兩；答問175 以乘馬駕私～而乘之
1604	輕	輕	7	答問93 當～而端重之；雜抄8 ～車；語書11 ～惡言而易病人
1605	輿	輿	8	日甲58正壹 ～鬼大吉；日乙90壹 ～鬼祠及行吉；雜抄27 傷乘～馬
1606	輒	輒	22	十八種10 ～上石數縣廷；十八種22 皆～出；封診式2 勿庸～詰
1607	軫	軫	4	日乙95壹 ～乘車；日甲5背貳 中春～角；日甲6背貳 凡參翼～以出女
1608	轂	轂	1	日甲73背 爲人不～（穀）
1609	轅	轅	2	十八種125 及大車～不勝任；答問179 軮韅～軸

字號	字頭	數量	出處	辭例
1610	載	4	十八種 125	及～縣鐘虞
			封診式 68	女～丙死詣廷
1611	軍	26	雜抄 10	從～
			爲吏 27 伍	將～
			十八種 45	有事～
1612	轉	1	爲吏 3 叁	老弱獨～（傳）
1613	輸	12	效律 49	上節發委～
			十八種 9	～度
			十八種 86	都官～大内=
1614	輪	1	十八種 89	大車～
1615	斬	14	答問 126	～左止爲城旦
			答問 51	乃～之=
			日甲 109 正貳	毋以木～大木
			十八種 155	及隸臣～首爲公士
1616	軲	2	十八種 125	折～上

1617 輻

1

十八種 125 用～（膈）

1618 輦

1

十八種 148 爲大車折～（輮）

𠂤部

1619 官

194

爲吏 8 叁 ～府

日乙 235 貳 入～

十八種 17 告～

效律 9 ～嗇夫

日甲 146 背 入～

語書 8 縣～

𨸏部

1620 陵

3

爲吏 15 壹 茲下勿～

語書 8 別書江～布以郵行

1621 陰

22

日乙 6 作～

日乙 60 ～先辱後慶

封診式 18 晝甲見丙～市庸中

字頭	數量	字形及辭例
1622 陽	54	 日乙15 贏~之日  答問163 以將~有行治  日乙49壹 巳寅正~  效律38 咸~十萬石一積  日乙47壹 寅酉危~
1623 陸	3	 編年記29壹 廿九年攻安~
1624 阪	2	 日甲75背 必依~險  日甲76背 ~險
1625 隅	2	 日甲39背貳—40背貳 取西南~  日甲25背叁 四~中央
1626 險	3	 語書12 誈訐醜言麃斫以視~  日甲75背 必依阪~
1627 陷	2	 雜抄35 軍新論攻城=~
1628 降	3	 日乙134 ~央  雜抄38 寇~

1629 阬	1630 隄	1631 陘	1632 隱	1633 隃	1634 陳	1635 除	
1	4	1	4	1	2	56	
語書 12 ～閬强肮以視强	效律 30 見其封及～（題）	日甲 72 背 多兔竈～突垣義酉	答問 125 可𦤎得處～官	十八種 81 其責毋敢～〓歲〓	爲吏 1 伍—2 伍 畫局～弆以爲耤	答問 144 郡縣～佐	效律 18 大嗇夫及丞～
	十八種 171 見其封及～（題）		十八種 156 以爲～官工		日甲 138 背 毋起北南～垣	日乙 116 以～室	效律 58 不盈廿二錢～
	十八種 4 伐材木山林及雍～水					十八種 115 水雨～興	日乙 115 以～室

十八種 150
~有爲殹

1636 陛

1

爲吏 10 叁
除~甬道

1637 阹

1

爲吏 7 伍—8 伍
上毋閒~（隙）

1638 院

2

答問 186
宇相直者不爲~

1639 ⿰阝夬

1

十八種 118
卒歲而或~（決）壞

1640 ⿰阝𦰩

1

日甲 89 背壹
午室四~也

四部

1641 四

114

日甲 138 背
~月

語書 1
廿年~月

雜抄 3
賞~歲緜戍

十八種 90
~月

效律 6
~兩以上

日乙 200
~月

答問 12
其臧直各~百

日乙 99 肆
十一月參十~【日】

日甲 63 背叁
~月

叕部

1642

叕

2

日乙 145
爲四席=~（啜）

日乙 145
亦席三~（啜）

五部

1643

五

197

十八種 52
高~尺二寸

答問 33
士~（伍）甲盜

答問 71
士~（伍）甲毋子

效律 12—13
不盈~分一

日乙 253
食~口

日乙 49 壹
~月

日甲 145 背
~月

日乙 40 貳
祠~祀日

編年記 15 壹
十~年

六部

1644
六

139

日乙198
~月

日乙151
~月二旬四日

十八種51
不盈~尺五寸

日乙149
五月旬~日

答問166
小未盈~尺

答問40
問盜~百七十

效律3
不盈十~兩到八兩

日甲60背肆
日~夕十

日甲62背肆
日~夕十

七部

1645
七

116

答問6
高六尺~寸

日乙18貳
日~夕九

十八種5
到~月而縱之

十八種86
~月

日乙1
~月

編年記7壹
~年

九部

1646
九

85

日甲 29 正貳
廿八日廿～日吉

日乙 20 貳
日～夕七

十八種 51
～月

十八種 140
～月

日甲 91 背肆
入～月三日心

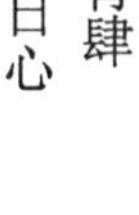
日甲 66 背叁
日～夕七

1647 重
逵

答問 199
可謂～卒

答問 199
是謂～卒

内部

1648
萬

15

爲吏 51 貳
茲愛～姓

效律 38
櫟陽二～石一積

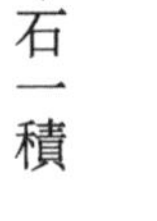
答問 181
邦亡來通錢過～

效律 27
～石一積而比黎之

十八種 28
芻稾各～石一積

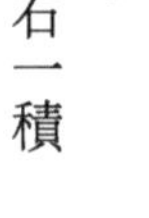
十八種 28
咸陽二～一積

1649
禹

8

日乙 104 叁
～符

日乙 106 叁
～步三

日甲 2 背壹
～以取梌山之女

1650
夓
7

日乙 50 壹
戌寅～（害）

日乙 48 壹
午戌～（害）

日甲 52 壹
寅午～（害）

1651

禼

3

日甲28正壹 申子～（害）

嘼部

1652

獸

獸

10

十八種6 追～

十八種6 及捕～者

日甲31背貳 人若鳥～及六畜恒行

甲部

1653

甲

甲

357

日乙253 ～亡

效律59 貲官嗇夫一～

效律3 貲官嗇夫一～

十八種115 貲一～

雜抄15 丞庫嗇夫吏貲二～

雜抄3 貲二～

效律4 貲一～

十八種165 貲官嗇夫二～

日乙144 ～申

日乙67 ～乙榆

日乙68 ～申

答問35 士五～盜

答問 77　當貲一～

答問 122　今～癘

十八種 102　其叚百姓～兵

答問 134　～告乙賊傷人

效律 57　貲一～

十八種 102　公～兵

乙部

1654 乙 ～ 186

日乙 68　～丑亥

日乙 67　甲～榆

封診式 20　甲～捕索其室

封診式 23　此甲～牛

日甲 81 背　～名

日甲 1 背　秋三月季甲～

日甲 129 背　～巳

日甲 137 背　正月～卯

日甲 102 背　春三月甲～

日甲 109 背　四月～丑

答問 4　甲謀遣～盜

答問 11　～論可

答問 4　～且往盜

答問 43　甲告～盜牛若賊傷人

答問 10　問～論可

1655 乾

乾 4

封診式 89 皆言甲前旁有～血

日乙 166 ～肉從東方來

1656 亂

亂 2

爲吏 27 肆 發正～昭

丙部

1657 丙

丙 173

日乙 255 ～亡

語書 1 廿年四月～戌朔丁亥

封診式 34 甲～戰刑丘城

答問 173 ～論可

日甲 137 背 四月～午

爲吏 22 伍 十二月～午朔辛亥

日甲 101 背 ～戌

丁部

1658 丁

丁 144

日乙 33 貳 壬申～酉

日乙 67 丙～棗

日乙 66 ～未

封診式 15 士五～

封診式 26 見～與此首人而捕之

日乙 187 丙～病

日甲 99 正壹 四瀆丙～

十八種 61 以人～鄰者二人贖

戊部

1659 戊 116

日甲 2 背壹 ～午

日乙 246 ～午生

日甲 134 背 夏三月～申

日甲 150 背 ～戌

日乙 189 貳 ～戌

日乙 250 ～失火

1660 成 37

十八種 111 新工二歲而～

日乙 12 ～決

十八種 112 盈期不～學者

己部

1661 己 121

日乙 32 貳 ～酉

日乙 67 戊～桑

日乙 39 貳 ～亥

日乙 204 戊～死

日乙 184 戊～有疾

日乙 142 行龍戊～

日乙 148 ～卯

日甲 139 正伍 十二月～臽

日甲 26 正貳 楚九月～未

庚部

1662

庚

114

日乙 76 壹 ～寅

日乙 144 ～申

日乙 247 ～子

日甲 101 背 ～午

日乙 246 ～申

日乙 259 ～亡

日甲 99 背壹 ～寅

日甲 101 背 ～子

辛部

1663

辛

112

日乙 239 ～未生

日乙 246 ～酉生

日乙 110 春三月庚～

1664 皋

皋　97

日甲99背壹　~酉

日甲104背　秋三月庚~

日甲113背　~丑

語書5　毋巨於~

答問3　問~當駕

效律1正　賈多者~之

爲吏1叁　毋=~=

十八種68　皆有~

1665 辜

辜　2

日甲52背貳　是不~鬼處之

1666 辟

辟　2

爲吏5伍—6伍　賢鄙溉~（乂）

1667 辭

辭　25

雜抄35　~曰日已備

封診式38　~曰

日甲40正　以~不合

答問95　~廷

封診式17　~曰

日甲42背貳　不可~

辡部

1668 辯

1

爲吏15伍 ~短長

壬部

1669 壬

101

日乙243 ~寅生

日乙251 ~失火

日乙245 ~子生

日乙71 ~午

日乙68 ~辰

日甲4背壹 ~辰

日甲82背 ~名曰黑疾

日乙33貳 ~申

日甲105背 冬三月~癸

癸部

1670 癸

109

日乙251 ~失火

日乙241 ~未

日甲105背 冬三月壬~

子部

字號	字頭	字數	出處與辭例
1671	子	483	日乙 251 有~死；十八種 59 食男~旦半夕參；日乙 226 貳 庚~；封診式 84 與同里大女~丙鬭；日乙 258 其~已死；雜抄 6 使其弟~贏律
1672	字	6	封診式 86 令隸妾數~者；日甲 150 正叁 不復~；日甲 150 正壹 人~
1673	㝅	9	日甲 145 正叁 己亥生子~（穀）；日甲 143 正伍 丁巳生子~（穀）而美
1674	季	6	日甲 1 背 夏三月~壬癸；日乙 111 ~冬丙丁；日甲 1 背 春三月~庚辛
1675	孟	2	日乙 17 說~（盟）詐
1676	孤	10	日乙 238 少~；爲吏 2 叁 ~寡；爲吏 17 伍 ~寡

日甲146正叁　少~

1677 存

6

答問98　審不~

爲吏5貳　過去福~

十八種161　官嗇夫節不~

1678 疑

2

十八種172　其有所~

𠫓部

1679 疏

1

封診式91　即~書

丑部

1680 丑

193

日乙30壹　剽~

日乙245　癸~生

日乙148　乙~吉

日乙31壹　衝~

日甲4正壹　~

1681

羞

1

語書 11 不～辱

寅部

1682

寅

161

日乙 2 ～

日乙 33 壹 徼～

日乙 238 丙～生

卯部

1683

卯

134

日乙 244 癸～生

日乙 4 ～

日甲 11 背 子寅～

日甲 137 背 正月乙～

日乙 7 ～

日甲 151 背 ～及戌叔

辰部

1684

辰

196

日乙 5 ～

日乙 113 甲～

日甲 126 背 以甲子寅～東徙

1685

辱

14

日甲5背壹 庚～

日甲132背 十二月～

日甲100背 甲～

日乙156 食時～

日乙198 西北執～

日乙200 南執～

日乙60 陰先～後慶

語書11 不羞～

日甲60正壹 北困～

巳部

1686

巳

248

日乙246 丁～生

日乙242 癸～生

日乙250 ～失火

日甲9正壹 ～

日甲10正壹 ～

日甲129背 乙～

日甲49正壹 ～

日甲138背 六月～

日甲151背 乙～及丑黍

1687

㠯

879

日甲132背 七月～

日甲129背 癸～

語書3 令～（已）具

封診式32 ～（已）診丁

日甲73背 勿言～（已）

雜抄35 辭曰日～（已）備

日乙258 其子～（已）死

日甲68背壹 ～（已）乃

答問51 翏=之～（已）乃斬之=

答問12 ～（已）去而偕得

十八種35 ～（已）穫上數

以 效律25 十分一～下

爲吏46叁 瀘置～私

爲吏33肆 夜～棲日

日甲128背 不可～船行

日乙179 ～入小亡

十八種10 復～薦蓋

語書7 致～律

效律15 過二千二百錢～上

答問11 甲盜錢～買絲

午部

1688

午

153

日乙 251
～失火

日乙 5
～

日乙 246
戊～生

日乙 41 貳
～在七星

日甲 69 背
多鼠鼷孔～郢

未部

1689

未

229

答問 31
若～啓而得

雜抄 22—23
～取省而亡之

十八種 49
～能作者

語書 2
瀍律～足

答問 115
～斷猶聽

日乙 251
～失火

申部

1690

申

160

日乙 35 壹
吉～

爲吏 11 伍
～之義

日甲 132 背
十月～

日甲147背 壬～會癸酉

日乙251 ～失火

日乙2 ～

1691

臾

2

日甲135正 禹須～

酉部

1692

酉

185

日乙239 癸～生

日乙243 丁～生

日乙246 辛～生

日乙3 ～

日甲145背 八月居～

日甲149背 杜主以乙～死

日乙31貳 乙～

十八種13 壺～（酒）束脯

1693

酒

4

日甲143正叁 丁酉生子耆～

日甲157背 肥豚清～美白粱

1694

醴

1

日乙239—240 利酉～

1695 醫

4

日乙 242
必善～

日乙 244
女子爲～

封診式 53
令～丁診之

1696 酢

16

日乙 183
癸～（作）

日乙 185
丁～（作）

雜抄 32
敢爲～（詐）僞者

日乙 187
不～（作）

1697 醬

3

日甲 26 背貳
醯～滫將中

十八種 181
～半升

酋部

1698 重 尊

2

爲吏 27 壹
～賢養孽

日甲 67 背壹
以桂長尺有～（寸）

戌部

1699 戌

143

日乙 243
戌～生

日乙 3
～

日甲 11 背
寅卯巳酉～爲牡日

日乙189貳
戌～

日甲150背
戌～

亥部

1700
亥

161

日乙2
～

日甲10背壹
戌興～是胃分離日

日乙35壹
建～

日甲74背
名西茝～旦

日甲115背
癸丑寅申～

日乙35貳—36貳
乙～丑酉

日甲127背
毋以戌～遠去室

日甲150背
丁～

爲吏22伍
丙午朔辛～

合文

0001 大夫 11

十八種 179
自官士～=以上

雜抄 7
故～=斬首者

日乙 104 壹
生子=爲～=

0002 之志 1

日甲 129 正
必有死亡～=至

0003 事吏 2

答問 59
廷行～=爲詛僞

十八種 83
如其～=坐官以負賞

0004 須女 1

日甲 4 背貳
～=出女

0005 牽牛 3

日甲 4 背貳
直～=

0006 婺女 1

日乙 105 壹
～=祠賈市取妻吉

0007 旅衣 2

效律 41
入其贏～=札

編號	合文	數量	字形及出處
0008	貨貝	1	 日甲103正壹 閉～=
0009	裚衣	2	 日甲118背 ～=（裚(製)衣）常  日乙129 ～=（裚(製)衣）常
0010	營室	3	 日乙80壹 ～=利祠  日甲3背貳 直～=以出女
0011	僞爲	1	 日甲48背壹 是神狗～=鬼
0012	驀馬	2	 雜抄9 ～=五尺八寸以上

注：日甲87正壹的合文「嶲=」，即「此嶲」，讀爲「觜嶲」，因原字圖版太不清晰，故無法處理成合格的入編字形。

「0003事吏」條下的「答問59」的和「十八種83」的，字形之後的符號（、）嚴格説爲重文號，但兩字形不便於列入單字字形部分（事、吏），爲了體現全簡字形的全貌，我們只能將其放於合文中，爲權宜之計。

「0004須女」條下的「」，是「須女」的簡省寫法，「0010營室」條下的「」和「」，也是「營室」的簡省寫法，均不能算作嚴格意義上的合文，但爲體現這批簡文字形全貌，姑且置於合文中。

筆畫序檢字表

一　本檢字表，供檢索《睡虎地秦簡字形譜》單字的所有字頭和字頭下的俗寫異體用，由此可檢閱到相關字頭下的全部内容。由於合文數量較少，故不再附於本檢字表中。

二　表中被檢字首先按筆畫排列，筆畫相同的字再按筆順（一、丨、丿、丶、乙）之序排列。

三　每一字頭之後是該字在字形譜中的字頭序號——四位阿拉伯數字，或四位阿拉伯數字加「重」，或四位阿拉伯數字加「新」。例如：「甲　1653」表示「甲」的字頭序號爲「1653」。

四　鑒於有些字頭和字頭下的俗寫異體較爲生僻，爲便於檢索，本檢字表專門列出了與這些生僻字所對應的通行體，即通過檢索某一生僻字所對應的通行體，也可檢索到該生僻字。具體詳《凡例》第十四條。

月 0791	孔 1330	左 0513	目 1687	氏 1422	司 1089
戶 1338	以 1687	右 0311	囚 0705	民 1417	句 0214
氏 1421	毋 1416	四 1641	卯 1683	弗 1418	冬 1317
勿 1131	**五畫**	石 1128	犯 0800	出 0686	外 0800
丹 0552	玉 0481	布 0944	失 0581	奴 1406	生 0689
殳 0335	刊 0026	戊 0530	乍 1436	召 0114	
文 1086	末 1689	平 1659	丘 0995	台 0118	
六 1644	未 0637	北 0994	禾 0811	皮 0346	
尢 1227	巧 0516	占 0373	付 0961	母 1403	
方 1050	正 0146	目 0378	仗 0981	矛 1602	
火 1191	去 0546	旦 0780	代 0967	幼 0423	
斗 1599	世 0222	且 1590	白 0948	主 1101	**六畫**
心 1239	古 0216	甲 1653	瓜 0860	市 0592	邦 0747
夬 0314	本 0633	申 1690	半 0094	立 1233	式 0515
尺 1042	札 0666	田 1550	令 1090	玄 0427	刑 0557
引 1452	可 0525	史 0323	用 0375	它 1513	荆 0557
	丙 1657	央 0593	印 1094	穴 0875	
丑 1680		兄 1053		必 0090	戎 1424

寺 0343
卅 0222
吉 0121
考 1034
老 1031
𨑒 0150
地 1524
耳 1354
共 0288
臣 0333
吏 0004
再 0422
西 1335
戌 1699
在 1532
百 0390
有 0794
存 1677
而 1132
匠 1443
夸 1214
灰 1195
戍 1427
歾 0437
列 0480
死 0439
成 1660
夷 1216
邪 0759
至 1333
此 0145
光 1200
早 0768
虫 1499
曲 1446
同 0926
因 0704
回 0698
肉 0444
囱 0710
年 0829
朱 0635
牝 0097
先 1054
廷 0191
舌 0211
竹 0497
伍 0962
伏 0977
臼 0852
伐 0978
延 0193
任 0969
仮 0982
自 0386
伊 0954
血 0547
行 0194
全 0578重
合 0571
兆 0374重
兇 0856
刖 0484
夙 0801
危 1127
旨 0531
旬 1098
名 0110
各 0124
多 0802
色 1095
亦 1217
交 1222
衣 1007
次 1064
亥 1700
羊 0404
并 0992
米 0844
州 1314
汙 1298
江 1276
池 1307
宇 0866
守 0877
宅 0862
字 1672
安 0868
冐 0466
艮 0990
收 0362
阪 1624
阬 1629
阦 1639
丞 0281
奸 1414
如 1411
好 1409
羽 0393

七畫

弄 0283
匧 1440

戒 0284
扶 1368
扼 1372重
走 0132
攻 0363
赤 1209
折 0061重
孝 1035
均 1525
投 1378
志 1241
抉 1379
把 1371
㘧 1546
毐 0037
卌 0221
芇 0071

芥 0062
材 0645
杕 0642
巫 0518
杓 0657
李 0616
求 1030重
車 1603
更 0355
束 0695
吾 0111
豆 0538
酉 1692
辰 1684
夾 1212
豕 1134
迓 0249重

步 0143
齿 0989
𨑖 0160
告 0203
肖 0456
旱 0773
貝 0712
見 1055
助 1563
里 1548
足 0203
男 1561
困 0708
呂 0897
吻 0108
邑 0746
別 0440

岑 1111
兕 1147重
牡 0096
告 0106
我 1432
利 0474
秀 0812
私 0816
兵 0285
佐 0983
作 0965
身 1006
近 0171
余 0091
希 0945
坐 1533
谷 1316

豸 1139
肘 0452
甸 1554
免 0984
狂 1182
犺 1175
角 0493
肥 0467
卵 1517
𣦸 0801
言 0223
疕 0912
吝 0123
辛 1663
忘 1257
兑 1052
弟 0610

沐 1301
沙 1286
沃 1292
泛 1295
汧 1308
没 1296
決 1290
完 0870
宋 0891
牢 0101
良 0597
初 0475
社 0018
祀 0012
君 0112
即 0558
屎 0663

尾 1043　抵 1367　析 0671　到 1334　忠 1245　佩 0953

局 0127　抱 1377重　枋 0621　非 1328　固 0702　依 0960

忌 1259　幸 1220　東 0677　叔 0318　困 0700　帛 0946

陜 1637　其 0509重　臥 1430　距 0139　罔 0930重　卹 0548

壯 0035　取 0319　或 1003　肯 0466　咼 0126　往 0181

忍 1270　昔 0777　事 0324　虎 0539　知 0587　彼 0182

甬 0803　苛 0052　刺 0488　尚 0287　牧 0365　所 1596

矣 0588　若 0057　兩 1318　具 0109　物 0104　舍 0573

坴 1549重　迣 0173　雨 1221　味 0117　和 0117　金 1575

八畫　苗 0051　奔 1221　果 0638　季 1674　命 0113

武 1431　英 0050　奇 0526　昌 0774　委 1410　郅 0761

青 0553　苑 0054　奄 1213　門 1341　秉 0316　斧 1593

表 1008　苞 0047　來 0601　易 1148　使 0971　采 0670

長 1129　直 1434　殈 0438　畀 0282　佰 0964　受 0433

拓 1385　茅 0043　妻 1401　畍 0512　臾 1691　爭 0434

拔 1388　林 0678　杲 0673　典 0511　兒 1051　乳 1331

者 0388　杵 0654　旹 0070　固 0706　版 0808　欽 1063

忿 1260
股 0454
肮 0469
肥 0467
服 1049
周 0122
昏 0771
兔 1169
臽 0854
狗 1171
咎 0980
炙 1208
享 0595重
夜 0798
府 1114
卒 1024
庚 1662
音 0551
妾 0278
刻 0478
於 0416重
劾 1572
券 0487
卷 1092
炎 1203
河 1275
注 1291
波 1282
治 1281
怪 1256
宗 0892
定 0867
宜 0879
官 1619
空 0902
宛 0864
宋 0873
戾 1176
肩 0449重
房 1340
建 0192
居 1038
屈 1045
弦 1455
孟 1675
牀 0651
狀 1173
孤 1676
亟 1520
降 1628
姑 1404
姳 1415
姓 1398
始 1407
弩 1453
叕 1642

九畫

契 1215
奏 1229
春 0070
毒 0037
匧 1444
封 1535
臾 1218
垣 1527
城 1538
政 0352
指 1363
挌 1391
某 0632
甚 0519
革 0296
巷 0765重
枼 0672
草 0069
茾 0072
荅 0039
故 0351
荔 0066
南 0688
枯 0643
柄 0662
相 0380
枳 0623
柏 0631
柢 0634
枸 0620
柳 0622
柁 0674
柖 0640
柀 0618
枱 0653
戒 1424
匽 1441
畐 0596
垔 1543
要 0293重
迺 0523
咸 0119
威 1405
斫 1594
面 1081

耐 1133重
耎 1231
奎 1211
盇 0549
皆 0387
韭 0859
貞 0372
省 0384
削 0473
是 0148
郢 0757
則 0476
明 0795
冒 0927
禹 1106
星 0788重
昭 0769

畏 1105
胃 0448
眄 1555
思 1237
囿 0702
骨 0441
牲 0098
秏 0820
秋 0833
重 1001
便 0968
叟 0313
保 0951
俗 0970
俖 0985
信 0237
皇 0025

鬼 1103
禹 1649
帥 0937
追 0169
盾 0385
律 0189
後 0187
俎 1591
卻 1093
爰 0431
采 0823
食 0561
思 1271
胅 0458
矦 0585
敀 0366
負 0725

勉 1565
風 1512
狡 1172
胋 0470
蚤 1506
怨 1261
急 1253
計 0242
訊 0268
哀 0125
亭 0590
庰 1125
庢 1126
度 0322
迹 0149
疫 0919
庌 1124

音 0275
施 0783
美 0408
送 0161
前 0140
首 1082
逆 0156
津 1293
恆 1521
恢 1249
宦 0876
室 0863
穽 0556重
突 0906
穿 0900
窔 0893
客 0885

安 0313
軍 1611
扁 0209
衽 1010
祙 0021
祖 0013
神 0010
祝 0015
祠 0014
郡 0748
既 0559
段 0320
屋 1039
屏 1040
昬 0771
敀 0349
韋 0608

以下為「筆畫序檢字表」之字表，各直行由上而下、全表由右至左排列（右起第一行末為「十畫」段之起始）。下表每一橫列對應原書之一直行：

姓 0691	十畫	莽 0081	威 1202	郵 0752	師 0685
陛 1636	秦 0834	莫 0080	夏 0607	造 0154	徒 0150
陘 1631	珮 0029	蕎 0040	原 1315重	牷 0099	虒 0540
蚩 1504	珠 0030	莎 0064	逐 0170	牧 0367	徐 0186
除 1635	敨 0429	真 0987	致 0604	乘 0614	殺 0341
院 1638	匿 1439	莊 0038	貰 0719	牯 0837	豻 1143
姚 1399	栽 1390	桔 0619	時 0767	秫 0818	豺 1142
怒 1262	捕 1150	桐 0628	海 0140	租 0831	豹 1140
盈 0544	馬 1150	挺 0617	畢 0419	秩 0826	倉 0575
枲 0857	起 0135	桃 0617	晏 0770	委 1220	飢 0564
癸 0544	都 0749	校 0669	員 0711	脩 0461	飪 0568
畨 1509重	耆 1032	根 0636	哭 0130	傷 0974	脟 0455
柔 0644	恐 1268	索 0687	盉 0541	臭 1179	脂 0463
紅 1480	聖 1533	連 0166	圂 0709	射 0582重	猶 1184
級 1468	盍 0549	逋 0167	豈 0537	皋 1230	狼 1185
約 1470	華 0692	哥 0527	剛 0477	息 1240	卿 1096
紀 1462	茝 0041	辱 1685	氣 0851	倨 0956	逢 0158

桀 0612
缶 0579
留 1557
芻 0058
訏 0259
訊 0235
訑 0269
衰 1023
畝 1553重
高 0589
亳 0591
郭 0760
衺 1008
席 0943
庫 1116
病 0910
疻 0915

疰 0922
疾 0908
脊 1396
效 0350
部 0755
竝 1236
旁 0006
旄 0786
旅 0787
畜 1558
玆 0428
羞 1681
恙 1266
拳 1364
料 1600
益 0543
兼 0841

朔 0792
酒 1693
涂 1277
浴 1302
浮 1283
流 1312重
悍 1255
悔 1264
害 0889
宵 0881
家 0861
宮 0895
容 0874
窋 0904
案 0656
窓 1272
冣 0925

冢 1099
扇 1339
被 1017
書 0328
帬 0941
弱 1085
陸 1623
陵 1620
陳 1634
孫 1456
祟 0019
陰 1621
斱 0060
畚 1447
陷 1627
通 0159
能 1190

務 1564
桑 0682
紋 1493
紤 1492
紙 1488
紡 1463

十一畫

春 0853
責 0733
堵 1528
埱 1542
焉 0418
𡴝 1228
埍 0034
赦 0358
埤 1540
逵 1647重

教 0369
掖 1392
捽 1376
執 1225
掐 1366
掇 1386
堇 1547
萅 0070
乾 1655
菑 0056
梗 0630
梧 0655
梌 0675
麥 0602
救 0357
斬 1615
曹 0521

跧 1000
堅 0332
票 1198
酞 1184
殹 0339
脣 0446
帶 0939
爽 0377
頃 0988
虛 0996
處 1589重
堂 1531
常 0940
晨 0790重
敗 0360
閉 1348
問 0115

婁 1413
晦 0772
異 0289
蛇 1514重
唯 0116
眾 0997
朙 0795
圈 0701
過 0153
掣 0345
移 0822
符 0503
笱 0215
偕 0958
傷 0974
候 0966
貨 0713

鳥 0411
悤 1207
術 0195
徙 0160
得 0188
從 0991
船 1048
悉 0093
欲 1061
[illegible] 1146
貧 0738
脯 0460
脫 0457
魚 1323
象 1149
慫 1269重
祭 0011

𡿺 0989
詠 0270
許 0229
孰 0308
庶 1123
麻 0858
痏 0916
痍 0917
疵 0911
[illegible] 0918重
康 0827重
庸 0376
章 0276
產 0690
商 0213
旋 0785
望 1000

衮 1011
牽 0100
[illegible] 0949
烰 1194
清 1284
洪 1292
渠 1289
淫 1285
淳 1303
深 1279
寇 0361
寅 1682
寄 0886
宿 0882
窒 0905
窞 0903
密 1112

啟 0347
[illegible] 1026
視 1056
畫 0330
逮 0163
殸 0435重
敢 0435重
尉 1196
扁 1320
張 1450
隋 0459
將 0344
隄 1630
陽 1622
隅 1625
隃 1633
婦 1402

習 0392
翏 0394
悤 1570重
參 0789重
鄉 0764
結 1494
組 1482
細 1467
終 1475

十二畫

貳 0726
絜 1490
堪 1530
堙 1543
項 1074
勢 1569
越 0134

趆 0136
賁 0716
提 1373
堤 1534
尌 0535
喜 0533
揄 1382
救 0368
援 1387
達 0165
報 1226
控 1393
壹 1224
壺 1223
壻 0034
晉 0779
惡 1263

掾 1374
期 0793
黃 1560
菓 0073
葉 0049
散 0464
葢 0055
葬 0082
貰 0727
畱 1557
葥 0074
募 1573
萬 1648
葆 0067
蒐 0046
敬 1102
葱 0063

朝 0781
喪 0131
辜 1665
葦 0065
楮 0625
焚 1197
棲 1336重
椎 0661
椑 0658
棱 0664
軲 1616
軫 1607
惠 0425
惑 1258
腎 0447
粟 0804
棗 0806

棘 0807
酢 1696
裂 1019
雲 1321
雅 0395
悲 1265
柴 0407
暴 0659
暑 0775
最 0928
量 1002
閏 0024
開 1345
閒 1346
遇 0157
貴 0742
蚰 1508

單 0129
敳 0999
幅 0938
買 0735
黑 1204
圍 0707
無 1437
缿 0580
短 0586
智 0389
稍 0832
程 0836
稀 0815
黍 0842
等 0502
筑 0507
筋 0471

字	編號	字	編號	字	編號	字	編號	字	編號	字	編號
筆	0327	閻	0432	敦	0359	渡	1294	疏	1679	遠	0174
備	0957	飭	1571	廁	1121	游	0784	萬	1651	鼓	0536
傅	0959	飯	0563	溉	0909	溉	1280	憙	0784	憙	0534
順	1076	飲	1065	痛	0909	減	1306	絮	1486	惎	0534
焦	1199重	腊	0778重	廁	1121	渫	1304	媚	1408	鼓	0536
剔	0486	膾	0462	脂	0462	湡	1309	賀	0717	彀	1673
夐	1650	勝	1566	勝	1566	勞	1568	發	1454	裘	1027
街	0196	腔	0468新	善	0274重	道	0175	結	1472	媚	1246
衕	0200	童	0277	啻	0120	尊	1698重	聖	1355	靳	0299
御	0190	然	1192	童	1574	棄	0421重	絡	1487	蓋	0055
復	0180	猶	1184	勸	1280	啻	0120	窓	0865	靳	0299
循	0184	貿	0730	勞	1568	富	0871	絕	1464	巷	0765重
須	1084	詛	0255	詐	0258	渫	1304	閑	1351	夢	0799
欽	1060	診	0264	減	1306	犀	0103	髭	1088	禁	0020
鈞	1586	詢	0265重	湯	1299	屢	1041	揣	1365	蒲	0045
殼	0340	詒	0252	渭	1278	強	1501	搒	1365	榆	0629
爲	0307	就	0594	盜	1066	費	0732	載	1610	嗇	0599

（本頁多為十二畫字，末列「十三畫」：幾0424、絲1498、絡1487、給1474、結1472、聖1355、彀1673、蓋0055、靳0299、巷0765重、夢0799、蒲0045、禁0020、楚0680、髭1088、揣1365、椿0660、榆0629、嗇0599、載1610、鄩0758）

裘 1029
轂 0336
剽 0483
賈 0734
悳 1267
狠 1136
歲 0144
貲 0741
呰 0257
粲 0846
當 1556
賊 1426
鄙 0751
愚 1254
盟 0796重
號 0528
畸 1552
園 0703
遣 0162
農 0294
臬 0207
署 0932
置 0934
睘 0379
罪 1664
遝 0155
蜀 1502
幏 0942
稗 0821
踦 1235
筮 0504
節 0498
與 0291
傳 0972
毀 1544重
鼠 1188
牒 0809
肈 0409
僂 0979
傰 0986
賃 0739
傷 0976
皋 1664
敫 0430
鄖 0762
粢 0838
微 0185
衙 0198
鉥 1580
鈹 1581
會 0574
館 0567
愛 0606
貉 1144
亂 1656
豚 1138
腹 0453
肆 0326重
解 0495
試 0240
詰 0262
誠 0238
誙 0271
詷 0244
詢 0267
詣 0250
裏 1009
稟 0598
廉 1122
資 0714
新 1598
意 1242
雍 0400
義 1433
煩 1077
溝 1288
滑 1300
粱 0845
慎 1244
遣 0178
塞 1541
索 0890
窞 0903
禖 0017
福 0009
羣 0406
殿 0338
辟 1097
歆 0364
擊 1394
嫁 1400
經 1460

十四畫

耤 0492
靜 0554
㙐 1130
駃 1161
慤 1246
壽 1033
綦 1481重
聚 0998
鞞 0301

第一欄
鞅 0300　蔥 0063　蔡 0053　斡 0648　幹 1425　摇 0641　槍 0650　憲 0426　輒 1606　輕 1604　觳 0336　歌 1062　監 1004　壟 1000　奪 0401　臧 0334　堬 1113

第二欄
鳶 0413　嘗 0532　聞 1359　暢 1559　罰 0485　圖 0699　製 0839　楊 0835　稱 1025　箕 0508　筮 0505　債 0975　毇 1544重　僕 0280　僑 0955　偏 0973　鼻 0391

第三欄
銅 1577　貍 1145　蝕 1505　領 1073　疑 1678　獄 1187　誣 0253　誧 0245　語 0224　誤 0256　誘 1108重　詐 0251　説 0241　裏 1021　惪 1273　豪 1137重　廣 1119

第四欄
察 0869　寧 0524　癉 0923　實 0872　褒 1022　適 0152　端 1234　齊 0805　養 0562　精 0848　粺 0849　鄰 0750　粼 1313　鄭 0754　榮 0627　漁 1325重　寬 0883　寡 0884　庯 0894

十五畫

盡 0545　複 1013　褐 1022　縞 1478　絹 1485　齗 1595　隨 0151　彊 1451　隖 1640　增 1539　鄧 0756　慧 1248

第五欄
髮 1087　馱 1155　駒 1151　趣 0133　橋 1381　熱 1201　播 1389　摰 1369　彊 1451　隨 0151　隖 1640　增 1539　鄧 0756　曹 0403　蕃 0068　韓 0609　樓 0649　耬 1549重　輪 1614　甌 1157重

毅 0830

毆 0337
賢 0715
憂 0605
礫 0613
豬 1135
殤 0436
震 1319
齒 0201
稾 0804
膚 0445重
慮 1238
賞 0721
瞋 0381
暴 0776
賦 0737
賤 0736
賜 0722

閱 1350
閭 1344
數 0353
踐 0204
遺 0168
睘 0379
罷 0933
墨 1537
稽 0693
稷 0817
勶 0102
稻 0819
稼 0813
箴 0506
牖 0810
儌 0430
樂 0665

質 0729
徵 0999
徹 0348
劍 0490重
餔 0565
餓 0569
餘 0566
㱃 1065
膠 0465
請 0227
課 0239
諈 0243
誰 0263
論 0232
諒 0226
誶 0261
稾 0828

廡 1115
麃 1166
慶 1250
潰 1287
潦 1297
鋈 1576
⿰氵墍 1310
寫 0880
審 0092重
履 1046
險 1626
駕 1154
⿱翏月 0465
緹 1479
緰 1489
緩 1497重
緡 1485

緣 1483

十六畫

操 1370
憙 0534
擇 1375
擅 1383
雔 0417重
薛 0042
薦 1163
薪 0059
⿰𠦝㫃 0781
蘩 0075
敞 0464
橋 0668
輸 1613
賴 0724
槖 0696

頭 1067
醜 1104
觱 0496
匱 1445
奮 0402
頰 1071
頸 1072
墥 0142
鬳 0304
遽 0176
縣 1083
闌 0396
閻 1342
蹊 0206
器 0210
戰 1428
遷 0179

篪 0389
慣 0105
積 0825
篤 1156
築 0647
篡 1107
舉 1380
興 0292
嬰 0293重
學 0370重
徼 0183
衡 0494
衛 0199
錯 1579
錢 1583
錘 1585
錐 1584

錦 0947
獲 1180
獨 1177
頻 1070
謀 0231
諜 0266
謁 0228
謂 0225
諰 0246
廥 1120
瘳 0920
廦 1118
親 1059
辨 0479
龍 1326
糗 0850
燔 1193

營 0896
憲 1247
寠 0907
鄺 0763
壁 1529
避 0164
彊 1451
辥 1666
隱 1632
輦 1618
縛 1473
綽 1495

十七畫

環 0028
贅 0728
蕺 0415
轂 1608

聲 1358
𦗒 1361
鞸 0297
韓 0609
隸 0331
轅 1609
輻 1617
臨 1005
鬴 0303
壐 1536
戲 1429
購 0740
嬰 1412
闌 1347
𨃅 0205
雖 1500
矯 0583

矰 0584
穜 0814
輿 1605
[illegible] 0272
[illegible] 1567
徽 1567
衛 0198
翯 0382
龠 0208
斂 0356
爵 0560
餽 0570
體 0442
膹 0720
毚 1168
鮮 1324
謞 0273

謗 0254
襄 1016
應 1243
癘 0914
麋 1165
糞 0420
蔿 0413
竆 0753
禪 1015
臂 0450
履 1047
牆 0600
翼 1327重
縵 1477
總 1469
縱 1466
繆 1491

十八畫
瓊 0027
髤 0694
[illegible] 0694
擯 1395
騅 1152
[illegible] 0306
聶 1360
職 1357
鞫 0302
[illegible] 1458
檮 0676
轉 1612
覆 0935
醫 1695
叢 0279
鼂 1516

闕 1352
蟲 1511
巂 0397
醜 0443
穫 0824
簡 0501
嚳 0383
邊 0177
邊 0177
歸 0141
衞 0197
貙 1141
雞 0398
臑 0451
獵 1178
繇 1457
謹 0236

譁 0248
雜 1018
離 0399
顏 1068
旞 0782
糲 0847
禱 0016
闞 1353
醬 1697
顡 1079
織 1461
繕 1484
繒 1476
斷 1597
雝 0400
邋 0172
十九畫

騠 1162
騷 1158
壞 1545
䧢 0412重
難 0412重
藶 0076
蘭 0044
[illegible] 0077
櫝 0652
櫟 0626
醯 0542
麗 1167
關 1349
疇 1551
嚴 0128
獸 1652
羅 0931

穤 0840
辤 0102
[illegible] 0290重
纍 1496
辭 1667
譖 0260
識 0234
靡 1329
癡 0921
應 1243
羸 0405
羹 0305重
類 1183
懷 1251
竈 0753
襦 1014
廢 0743

繹 1459
二十畫
騶 1159
遽 0137
壤 1526
蘖 0078
蘇 0079
薔 0048
醴 1694
獻 1181
黨 1205
闌 1343
巍 1109
黥 1206
籍 0499
譽 0247
覺 1058

農 0294
鐘 1588
騰 1160
譴 0260
議 0233
龏 0286
贏 0723
寶 0901
寵 0878

二十一畫

罍 0202
髤 0694
轂 0414
權 0624
靈 0031
魏 1109
齎 0744
鐵 1578
鐸 1587
顡 1080
玃 1186
癖 0924
辯 1668
齎 0718
灋 1164
懼 1252
竈 0899重
顧 1075
屬 1044
續 1465
纏 1471

二十二畫

驕 1153
聽 1356
麱 0603
囊 0697
贖 0731
體 0442
饘 0745

二十三畫

鷩 0496
顯 1078
爇 0843
籥 0500
鼷 1189
讎 0230
變 0354
癰 0913
聾 1503
瀸 1305
濱 1311
襛 1028

二十四畫

舊 0397
觀 1057
蠹 1510
鹽 1337
顯 1069
鬻 0306
鼈 1515

二十五畫

欙 0667

二十六畫

鬬 0309
鑾 1518

二十八畫

鑿 1582
雧 0410

二十九畫

鬱 0679

三十畫

爨 0295

三十二畫

䨻 0298

《説文》序檢字表

一　本檢字表，供檢索《睡虎地秦簡字形譜》單字的所有字頭和字頭下的俗寫異體用，由此可檢閲到相關字頭下的全部内容。由於合文數量較少，故不再附於本檢字表中。

二　表中被檢字見於《説文》者，按大徐本《説文》字序排列，分别部居；未見於《説文》者，按偏旁部首附於相應各部後。

三　每一字頭之後是該字在字形譜中的字頭序號——四位阿拉伯數字，或四位阿拉伯數字加「重」，或四位阿拉伯數字加「新」。例如：「甲　1653」表示「甲」的字頭序號爲「1653」。

一部
一　0001
元　0002
天　0003
吏　0004
丄部
上　0005重
旁　0006
下　0007重
示部
禄　0008
福　0009
神　0010
祭　0011
祀　0012
祖　0013
祠　0014

祝　0015
禱　0016
禖　0017
社　0018
祟　0019
禁　0020
祩　0021
三部
三　0022
王部
王　0023
閏　0024
皇　0025
玉部
玉　0026
瓊　0027
環　0028

珥　0029
珠　0030
靈　0031
气部
气　0032
士部
士　0033
壻　0034
埍　0034
壯　0035
丨部
中　0036
屮部
毒　0037
毐　0037
艸部
莊　0038

荅　0039
莠　0040
茝　0041
薛　0042
茅　0043
藺　0044
蒲　0045
蒐　0046
苞　0047
蘠　0048
葉　0049
英　0050
苗　0051
苛　0052
蔡　0053
苑　0054
葢　0055

蓋　0055
蓲　0056
若　0057
芻　0058
薪　0059
蘄　0060
折　0061重
芥　0062
蔥　0063
莎　0064
[illegible]　0065
荔　0066
葆　0067
蕃　0068
草　0069
萅　0070
春　0070

旾　0070
芇　0071
卉　0072
𦰏　0073
葥　0074
蔂　0075
藶　0076
蘜　0077
孽　0078
蘚　0079
茻部
莫　0080
莽　0081
葬　0082
小部
小　0083
少　0084

逐 0170
近 0171
邋 0172
迣 0173
遠 0174
道 0175
遽 0176
邊 0177
[illegible] 0178
還 0179
彳部
復 0180
往 0181
彼 0182
徼 0183
循 0184
微 0185

徐 0186
後 0187
得 0188
律 0189
御 0190
廴部
廷 0191
建 0192
㢟部
延 0193
行部
行 0194
術 0195
街 0196
衛 0197
衞 0198
衞 0198

衛 0199
衙 0200
齒部
齒 0201
齧 0202
足部
足 0203
疋 0203
踐 0204
[illegible] 0205
踜 0206
品部
喿 0207
龠部
龠 0208
冊部
扁 0209

㗊部
器 0210
舌部
舌 0211
干部
干 0212
㕯部
商 0213
句部
句 0214
笱 0215
古部
古 0216
十部
十 0217
丈 0218
千 0219

廿 0220
卅 0221
卌部
卌 0222
丗 0222
言部
言 0223
語 0224
謂 0225
諒 0226
請 0227
謁 0228
許 0229
讎 0230
謀 0231
論 0232
議 0233

識 0234
訊 0235
謹 0236
信 0237
誠 0238
課 0239
試 0240
説 0241
計 0242
諈 0243
詷 0244
誧 0245
諰 0246
譽 0247
諄 0248
讶 0249重
詣 0250

詐 0251
詒 0252
誣 0253
謗 0254
詛 0255
誤 0256
訾 0257
詐 0258
訏 0259
譠 0260
譆 0260
誶 0261
詰 0262
誰 0263
診 0264
詢 0265重
諜 0266
詢 0267
訆 0268
訑 0269
詠 0270
誙 0271
䛭 0272
謞 0273
誩部
善 0274重
音部
音 0275
章 0276
䇂部
童 0277
妾 0278
丵部
叢 0279
菐部
僕 0280
𠬞部
丞 0281
畁 0282
弄 0283
戒 0284
兵 0285
龏 0286
具 0287
共部
共 0288
異部
異 0289
舁部
𢍃 0290重
與 0291
興 0292
𦥑部
要 0293重
晨部
農 0294
爨部
爨 0295
革部
革 0296
鞞 0297
鞶 0298
靳 0299
鞅 0300
靷 0301
鞫 0302
鬲部
鬴 0303
鬳 0304
鬻部
羹 0305重
鬻 0306
鬺 0306
爪部
爲 0307
丮部
孰 0308
鬥部
鬭 0309
又部
又 0310
右 0311
父 0312
叜 0313
夬 0314
及 0315
秉 0316
反 0317
叔 0318
取 0319
叚 0320
友 0321
度 0322
史部
史 0323
事 0324
支部
支 0325
聿部
肄 0326重
聿部
筆 0327

苜部
瞢 0403
羊部
羊 0404
羸 0405
羣 0406
羋 0407
美 0408
羍 0409
雥部
雧 0410
鳥部
鳥 0411
鵻 0412重
難 0412重
舃 0413
舄 0413

鷇 0414
鸔 0415
烏部
於 0416重
誰 0417重
焉 0418
華部
畢 0419
糞 0420
棄 0421重
冓部
再 0422
幺部
幼 0423
丝部
幾 0424
叀部

惠 0425
疐 0426
玄部
玄 0427
兹 0428
放部
敖 0429
敫 0430
傲 0430
受部
爰 0431
𤔔 0432
受 0433
爭 0434
殺 0435重
敢 0435重
歺部

殤 0436
殄 0437
殂 0438
死部
死 0439
冎部
別 0440
骨部
骨 0441
體 0442
體 0442
髖 0443
肉部
肉 0444
膚 0445重
脣 0446
腎 0447

胃 0448
肩 0449重
臂 0450
臑 0451
肘 0452
腹 0453
股 0454
胻 0455
肖 0456
脫 0457
胅 0458
隋 0459
脯 0460
脩 0461
腤 0462
脂 0463
散 0464

膠 0465
膋 0465
肎 0466
肥 0467
肥 0467
腔 0468新
肮 0469
胋 0470
筋部
筋 0471
刀部
刀 0472
削 0473
利 0474
初 0475
則 0476
剛 0477

刻 0478
辨 0479
列 0480
刊 0481
割 0482
剽 0483
刖 0484
罰 0485
劓 0486
券 0487
刺 0488

刃部
刃 0489
劍 0490重

耒部
耦 0491
耤 0492

角部
角 0493
衡 0494
解 0495
觿 0496

竹部
竹 0497
節 0498
籍 0499
籥 0500
簡 0501
等 0502
符 0503
笠 0504
箠 0505
箴 0506
筑 0507

箕部
箕 0508
其 0509重

丌部
丌 0510
亓 0510
典 0511
畀 0512

左部
左 0513

工部
工 0514
式 0515
巧 0516
巨 0517

巫部
巫 0518

甘部
甚 0519

曰部
曰 0520
曹 0521

乃部
乃 0522
迺 0523

丂部
寧 0524

可部
可 0525
奇 0526
哥 0527

号部
號 0528

亏部
亏 0529
于 0529
平 0530

旨部
旨 0531
嘗 0532

喜部
喜 0533
憙 0534
憙 0534

壴部
尌 0535

鼓部
鼓 0536

豈部
豈 0537

豆部
豆 0538

虍部
虎 0539
虒 0540

皿部
盎 0541
醯 0542
益 0543
盈 0544
盡 0545

去部
去 0546

血部
血 0547
衈 0548
盇 0549
盍 0549

枳 0623　招 0640　杓 0657　柂 0674　師 0685　膝 0694

權 0624　榣 0641　椑 0658　桼 0675　**出部**　**束部**

楮 0625　杕 0642　暴 0659　樟 0676　出 0686　束 0695

櫟 0626　枯 0643　楄 0660　**東部**　**𣎵部**　**橐部**

榮 0627　柔 0644　椎 0661　東 0677　索 0687　橐 0696

桐 0628　材 0645　柄 0662　**林部**　南 0688　囊 0697

榆 0629　栽 0646　屎 0663　林 0678　**生部**　回 0698

梗 0630　築 0647　桵 0664　鬱 0679　生 0689　圖 0699

柏 0631　幹 0648　樂 0665　楚 0680　産 0690　困 0700

某 0632　樓 0649　札 0666　**才部**　牲 0691　圈 0701

本 0633　槍 0650　檻 0667　才 0681　**華部**　**口部**

柢 0634　淋 0651　橋 0668　**叒部**　華 0692　囿 0702

朱 0635　櫝 0652　校 0669　桑 0682　**稽部**　固 0702

根 0636　柏 0653　采 0670　**之部**　稽 0693　園 0703

末 0637　杵 0654　析 0671　之 0683　**桼部**　因 0704

果 0638　栖 0655　葉 0672　**市部**　漆 0694　囚 0705

梃 0639　案 0656　杲 0673　市 0684　　　　　固 0706

圍 0707
困 0708
圂 0709
囚 0710
員部
員 0711
貝部
貝 0712
貨 0713
資 0714
賢 0715
賁 0716
賀 0717
齎 0718
貣 0719
賸 0720
賞 0721

賜 0722
贏 0723
賴 0724
負 0725
貳 0726
貰 0727
贅 0728
質 0729
貿 0730
贖 0731
費 0732
責 0733
賈 0734
買 0735
賤 0736
賦 0737
貧 0738

賃 0739
購 0740
貲 0741
貴 0742
[illegible] 0743
賷 0744
[illegible] 0745
邑部
邑 0746
邦 0747
郡 0748
都 0749
鄰 0750
鄙 0751
郵 0752
竆 0753
𥨐 0753

鄭 0754
部 0755
鄧 0756
郢 0757
鄢 0758
邪 0759
郭 0760
郄 0761
鄍 0762
酈 0763
𨛜部
鄉 0764
𨛭 0765重
巷 0765重
日部
日 0766
時 0767

早 0768
昭 0769
晏 0770
昏 0771
昬 0771
晦 0772
旱 0773
昌 0774
暑 0775
暴 0776
昔 0777
腊 0778重
晉 0779
旦部
旦 0780
倝部
𦩍 0781

朝 0781
㫃部
旞 0782
施 0783
游 0784
旋 0785
旄 0786
旅 0787
晶部
星 0788重
參 0789重
晨 0790重
月部
月 0791
朔 0792
期 0793
有部

容 0874
宂 0875
宧 0876
守 0877
寵 0878
宜 0879
寫 0880
宵 0881
宿 0882
寬 0883
寡 0884
客 0885
寄 0886
寓 0887
寒 0888
害 0889
索 0890

宋 0891
宗 0892
㝗 0893
庯 0894
宮部
宮 0895
營 0896
呂部
呂 0897
穴部
穴 0898
竈 0899重
穿 0900
竇 0901
空 0902
窨 0903
窞 0903

窋 0904
窒 0905
突 0906
窶 0907
疒部
疾 0908
痛 0909
病 0910
疵 0911
疕 0912
癰 0913
癘 0914
疻 0915
痏 0916
痍 0917
痒 0918重
疫 0919

瘳 0920
癡 0921
痓 0922
㾜 0923
𤺋 0924
冖部
冣 0925
冡 0925
𠔼部
同 0926
冃部
冒 0927
最 0928
㒳部
兩 0929
网部
罔 0930重

羅 0931
署 0932
罷 0933
置 0934
襾部
覆 0935
巾部
巾 0936
帥 0937
幅 0938
帶 0939
常 0940
帬 0941
幏 0942
席 0943
布 0944
希 0945

帛部
帛 0946
錦 0947
白部
白 0948
㡀部
敝 0949
人部
人 0950
保 0951
仁 0952
佩 0953
伊 0954
僑 0955
倨 0956
備 0957
偕 0958

傅 0959
依 0960
付 0961
伍 0962
什 0963
佰 0964
作 0965
倏 0966
代 0967
便 0968
任 0969
俗 0970
使 0971
傳 0972
僞 0973
傷 0974
傷 0974

僨 0975
傷 0976
伏 0977
伐 0978
僂 0979
咎 0980
仗 0981
仮 0982
佐 0983
免 0984
[亻昏] 0985
[亻葡] 0986

七部

真 0987

匕部

頃 0988
匘 0989

[止凵] 0989
艮 0990

从部

從 0991
并 0992

比部

比 0993

北部

北 0994

丘部

丘 0995
虗 0996

乑部

眾 0997
聚 0998

壬部

徵 0999

敳 0999
朢 1000
[臣壬] 1000

重部

重 1001
量 1002

臥部

臥 1003
監 1004
臨 1005

身部

身 1006

衣部

衣 1007
袤 1008
裏 1009
衽 1010
衮 1011
褎 1012
複 1013
襦 1014
襌 1015
襄 1016
被 1017
雜 1018
裂 1019
補 1020
裹 1021
褐 1022
衰 1023
卒 1024
製 1025
[衤寺] 1026
褻 1027
[衤蔦] 1028

裘部

裘 1029
求 1030重

老部

老 1031
耆 1032
壽 1033
考 1034
孝 1035

毛部

毛 1036

尸部

尸 1037
居 1038
屋 1039
屏 1040

巍 1109
山部
山 1110
岑 1111
密 1112
⿱睘山 1113
广部
府 1114
廡 1115
庫 1116
廏 1117
廦 1118
廣 1119
廥 1120
廁 1121
廉 1122
庶 1123

庰 1124
屛 1125
厓 1126
危部
危 1127
石部
石 1128
長部
長 1129
肆 1130
勿部
勿 1131
而部
而 1132
耐 1133重
豕部
豕 1134

豬 1135
豤 1136
㣇部
豪 1137重
豚部
豚 1138
豸部
豸 1139
豹 1140
貙 1141
豺 1142
豻 1143
貉 1144
貍 1145
⿰豸今 1146
兕部
兕 1147重

易部
易 1148
象部
象 1149
馬部
馬 1150
駒 1151
騅 1152
驕 1153
駕 1154
駟 1155
篤 1156
敺 1157重
騷 1158
騶 1159
騰 1160
駃 1161

騠 1162
廌部
薦 1163
灋 1164
鹿部
麋 1165
麃 1166
麗 1167
㲋部
毚 1168
兔部
兔 1169
犬部
犬 1170
狗 1171
狡 1172
狀 1173

犯 1174
犺 1175
戾 1176
獨 1177
獵 1178
臭 1179
獲 1180
獻 1181
狂 1182
類 1183
猶 1184
⿰犭酉 1184
⿰酉犬 1184
狼 1185
⿰犭瞿 1186
犾部
獄 1187

悔　1264
悲　1265
恙　1266
恒　1267
恐　1268
悐　1269重
忍　1270
恖　1271
窓　1272
悥　1273

水部

水　1274
河　1275
江　1276
涂　1277
渭　1278
深　1279
溉　1280
治　1281
波　1282
浮　1283
清　1284
淫　1285
沙　1286
瀆　1287
溝　1288
渠　1289
決　1290
注　1291
泆　1292
沃　1292
津　1293
渡　1294
泛　1295
没　1296
潦　1297
汙　1298
湯　1299
滫　1300
沐　1301
浴　1302
淳　1303
渫　1304
瀸　1305
減　1306
池　1307
汧　1308
澍　1309
瀝　1310
濱　1311

沝部

流　1312重

巜部

粼　1313

川部

州　1314

灥部

原　1315重

谷部

谷　1316

仌部

冬　1317

雨部

雨　1318
震　1319
屚　1320

雲部

雲　1321
云　1322重

魚部

魚　1323
鮮　1324

𩺰部

漁　1325重

龍部

龍　1326

飛部

翼　1327重

非部

非　1328
靡　1329

乚部

孔　1330
乳　1331

不部

不　1332

至部

至　1333
到　1334

西部

西　1335
棲　1336重

鹽部

鹽　1337

戶部

戶　1338
扇　1339
房　1340

門部

門　1341
閣　1342
闌　1343

閻 1344
開 1345
閒 1346
闌 1347
閉 1348
關 1349
閱 1350
閑 1351
⿵門𠂢 1352
⿵門黑 1353

耳部

耳 1354
聖 1355
聽 1356
職 1357
聲 1358
聞 1359
聶 1360
⿰耳區 1361

手部

手 1362
指 1363
拳 1364
捧 1365
揗 1366
抵 1367
扶 1368
摯 1369
操 1370
把 1371
扼 1372重
提 1373
掾 1374
擇 1375
捽 1376
抱 1377重
投 1378
抉 1379
舉 1380
撟 1381
揄 1382
擅 1383
失 1384
拓 1385
掇 1386
援 1387
拔 1388
播 1389
捕 1390
挌 1391
掖 1392
控 1393
擊 1394
擯 1395

𠦬部

脊 1396

女部

女 1397
姓 1398
姚 1399
嫁 1400
妻 1401
婦 1402
母 1403
姑 1404
威 1405
奴 1406
始 1407
媚 1408
好 1409
委 1410
如 1411
嬰 1412
婁 1413
奸 1414
姤 1415

毋部

毋 1416

民部

民 1417

丿部

弗 1418

𠂆部

弋 1419

乁部

也 1420

氏部

氏 1421

氐部

氐 1422

戈部

戈 1423
戒 1424
戎 1424
戟 1425
賊 1426
戍 1427
戰 1428
戲 1429
或 1430
武 1431

我部

黽部
鼈 1515
鼉 1516
卵部
卵 1517
毈 1518
二部
二 1519
亟 1520
恆 1521
凡 1522
土部
土 1523
地 1524
均 1525
壤 1526
垣 1527

堵 1528
壁 1529
堪 1530
堂 1531
在 1532
堊 1533
堤 1534
封 1535
壐 1536
墨 1537
城 1538
增 1539
埤 1540
塞 1541
埱 1542
垔 1543
堙 1543

毀 1544重
壞 1545
圬 1546
堇部
堇 1547
里部
里 1548
壄 1549重
[illegible] 1549重
田部
田 1550
疇 1551
畸 1552
畝 1553重
甸 1554
畍 1555
當 1556

畱 1557
畜 1558
畼 1559
黃部
黃 1560
男部
男 1561
力部
力 1562
助 1563
務 1564
勉 1565
勝 1566
[illegible] 1567
勶 1567
勞 1568
勢 1569

恿 1570重
飭 1571
劾 1572
募 1573
勸 1574
金部
金 1575
鋈 1576
銅 1577
鐵 1578
錯 1579
鉥 1580
鈹 1581
鑿 1582
錢 1583
錐 1584
錘 1585

鈞 1586
鐸 1587
鐘 1588
几部
處 1589重
且部
且 1590
俎 1591
斤部
斤 1592
斧 1593
斫 1594
斲 1595
所 1596
斷 1597
新 1598
斗部

斗 1599
料 1600
升 1601
矛部
矛 1602
車部
車 1603
輕 1604
輿 1605
輒 1606
軫 1607
轂 1608
轅 1609
載 1610
軍 1611
轉 1612
輸 1613

輪 1614
斬 1615
軲 1616
輻 1617
輦 1618
𠂤部
官 1619
𨸏部
陵 1620
陰 1621
陽 1622
陸 1623
阪 1624
隅 1625
險 1626
陷 1627
降 1628

阬 1629
隄 1630
陘 1631
隱 1632
隃 1633
陳 1634
除 1635
陛 1636
阹 1637
院 1638
阦 1639
隩 1640
四部
四 1641
𨺅部
𨺅 1642
五部

五 1643
六部
六 1644
七部
七 1645
九部
九 1646
逵 1647重
内部
萬 1648
禹 1649
禼 1650
离 1651
嘼部
獸 1652
甲部
甲 1653

乙部
乙 1654
乾 1655
亂 1656
丙部
丙 1657
丁部
丁 1658
戊部
戊 1659
成 1660
己部
己 1661
庚部
庚 1662
辛部
辛 1663

辠 1664
辜 1665
辥 1666
辭 1667
辡部
辯 1668
壬部
壬 1669
癸部
癸 1670
子部
子 1671
字 1672
𣪘 1673
季 1674
孟 1675
孤 1676